說不盡的
魯迅

疑案‧軼事‧趣聞

紀維周　著

自序

　　我學的是圖書館專業，在圖書館工作已有五十餘年。由於崇敬魯迅先生，業餘從事魯迅資料工作，並向讀者提供有關研究材料。我前後花了將近二十年時間，將積累的資料加以整理，編輯一部工具書，書名是《魯迅研究書錄》，於 1987 年 7 月，在北京書目文獻出版社出版。該書出版後，在學術界獲得好評。

　　另外，為了向青年讀者普及魯迅各方面知識，我曾在報刊上，發表有關魯迅軼事、趣聞，也獲得意想不到的影響。例如，在魯研界竟有多位有名專家，據說，在他們年輕時，看到過我所發表過的短文，深受啟發。對此，我深感欣慰。

　　在撰寫文章時，我特別注意材料的真實性，儘量避免誤導讀者；另外，為了引起讀者的興趣，必須注意文字的可讀性，也就是敘述力求生動、有趣。

　　為了讀者閱讀方便，特從多年在報刊上發表過的文章，精選一些有意義的內容，編成本書。

　　全書共分為六部份：一、魯迅生平疑案；二、魯迅軼事誤傳與偽造；三、魯迅軼事趣聞錄；四、魯迅研究專家軼事趣聞；五、魯迅專家的藏書；六、悼念魯迅專家。

　　為了魯迅研究者方便，書後附錄《魯迅研究專著書目》，以供參考。

　　目前，出版有關魯迅的專著，非常困難。多蒙魯迅專家王得后先生和欽鴻先生給予大力支持和熱心推薦，並得到蔡登山先生慨允，始能出版。在此深表謝意。

紀維周

2011 年 4 月 26 日

目次

卷二／魯迅軼事誤傳與偽造

卷三／魯迅軼事趣聞錄

卷四／魯迅研究專家軼事趣聞

卷五／魯迅專家的藏書

卷一

魯迅生平疑案

毛澤東與羅稷南對話引發的震動

　　羅稷南原名陳小航，雲南順寧人。1923 年畢業於北京大學哲學系，曾任抗日名將蔡廷鍇的秘書。他以「羅稷南」的筆名，翻譯了不少優秀作品，如梅林的《馬克思傳》、狄更斯的《雙城記》、高爾基的《克里姆·薩木金的一生》、愛倫堡的《暴風雨》和《第九浪》等。他為人耿直，待人寬厚，受到人們的尊敬。

　　1957 年 7 月 7 日，毛澤東在上海中蘇友好大廈（今上海展覽中心）與上海文藝界人士座談。羅稷南與毛澤東早就相識，這次他也應邀參加座談會。這時，正值「反右」，談話的內容涉及到對文化人士在運動中的處境。羅稷南便向毛主席提出了一個大膽的想法：要是今天魯迅還活著，他可能會怎樣？這是一個懸浮在半空中的大膽的假設題，具有潛在的威脅性。其他文化界朋友若有同感，也絕不敢如此冒昧，羅老先生卻直率地講了出來。不料毛主席對此卻十分認真，沉思了片刻，回答說：「以我的估計，（魯迅）要麼關在牢裏還是要寫，要麼他識大體不做聲」。一個近乎懸念的詢問，得到的竟是如此嚴峻的回答。羅稷南知道毛澤東對魯迅有過崇高的評價，而魯迅這樣的偉人，也要關進牢房，這太可怕了，他把這事埋在心裏，對誰也不透露。

　　時光匆匆流逝，羅老先生晚年多病，覺得很有必要把幾十年前的這段對話公開於世，不該帶進棺材，遂向一位信得過的學生全盤托出。這個學生，名叫賀聖謨。

1996 年 10 月 24 日，寧波舉辦紀念巴人（王任叔）誕辰九十五周年的學術討論會，周海嬰也應邀到寧波參加。賀聖謨當時是寧波師範學院中文系主任。他受到討論會發起單位之一的寧波師範學院領導的委託，在會議開始前，去飯店看望與會的代表。因為他與丁景唐先生事先有約，這天上午他一到代表駐地，就先去看望丁先生。就在丁景唐房間裏，他初會了心儀已久的海嬰先生。

賀聖謨在學院裏教的是中國現代文學，他們談話自然離不開魯迅。談著談著，他就問海嬰有沒有聽過 1957 年毛澤東曾同羅稷南談到魯迅這件事。海嬰說沒有聽說過。於是他就向海嬰轉述了羅稷南親口告訴他的話：

「1957 年夏天，毛主席在上海請一些人座談。會上我問毛主席，要是魯迅現在還活著，會怎麼樣？毛主席回答說，無非是兩種可能，要麼是進了監獄，要麼是顧全大局，不說話。」

海嬰聽後一怔，說他沒有聽過這話，他母親也沒有聽說過，並說毛主席不大可能說這樣的話。他還說，羅稷南先生他很熟，小時候常到羅家去玩，以後也沒有聽他說起過這件事。賀聖謨說解放後你們去了北京，而且這樣的話羅老也不一定會告訴你們的。

賀聖謨與海嬰談話後，留給他的印象是：「作為魯迅的親人，他似乎不願相信毛曾對魯迅有過這樣的『評價』。而我，親耳聽到羅稷南的講述，而且相信羅稷南為人耿直，絕非危言聳聽的人，因此對海嬰的不信，感到遺憾。同海嬰說過這件事後，我似乎了卻了一樁心事。」

2001 年，海嬰撰寫《魯迅與我七十年》一書，準備將毛、羅對話寫入書中。由於這段對話屬於「孤證」，又事關重大，他撰寫之後又抽掉了。到了 2001 年 7 月，他拜訪王元化先生，王元化是知

名學者，與許廣平有過親密交往，王認為此事可以披露，況且王元化先生告訴他，他也聽說過這件事情。海嬰這才放心，便在《魯迅與我七十年》一書中，以〈再說幾句〉披露了毛澤東與羅稷南對話的內容。

周海嬰披露毛羅對話之後，立刻受到學術界的關注和質疑。

秋石認為：對於羅稷南先生的這一「孤證」，海嬰先生的第一個依據「是在 1996 年應邀參加巴人研討會時，這位親聆羅老先生講述的朋友告訴我這件事的。」海嬰先生的另一個依據是王元化先生「也聽說過這件事情」。

秋石認為「海嬰先生找『聽說過』的王元化先生作證，這樣做，是否過於輕率了一點，因為王元化先生既不是 1957 年毛澤東與羅稷南對話的在場者，也非親聆過羅老先生臨終托話的人。『聽說』過類似意思的人，在中國何止王元化先生一個，可以說是成千上萬，比如筆者，早在『文革』中就『聽說』了。」

接著秋石又以謝泳所著文章，刊在《文史精華》（2002 年第 2期）經過他深入細緻的考辨後，用以證明周海嬰所披露的「毛羅對話」，並無此事。

此外，魯迅博物館副館長陳漱渝對「毛羅對話」也提出質疑。他說：「這段新聞被輪番炒作之後，在不少讀者心中引起了疑惑：如果說其無，似乎缺少直接的反駁資料；如果信其有，則這句話又僅僅出自羅老先生一位學生的轉述，既無當時的座談記錄，又無羅老先生簽字認可的回憶文章，嚴格的說是連孤證也談不上。然而就是在這種疑惑中，毛澤東的形象不免又被蒙上了一層陰影。因為魯迅如果在解放後被投進大牢，或被封殺了聲音，毛澤東當然難辭其咎。」

陳漱渝認為「毛澤東在談話中也提到過『坐監獄』」，但指的是解放前，而不是解放後。毛澤東的原話是：「魯迅的時代挨整就是坐監獄和殺頭，但是魯迅也不怕」，所以，判斷毛澤東的真實看法，要聯繫他一貫的言論。「假如魯迅還活著」會如何，這是一個假設性的問題，不同人也許會有不同的推斷，這並不奇怪。但作為一個成熟的政治家，很難設想毛澤東會在公開場合說出自毀形象的話，讓別人嚇出一身冷汗。」

面對這些質疑，周海嬰披露「毛羅對話」，無疑會背著醜化毛澤東形象的黑鍋。

其實，「毛羅對話」並非是「孤證」，而當時應邀參加在場的黃宗英，至今還健在，她發表了〈我親聆毛澤東與羅稷南對話〉，具體而生動地記述羅稷南的話確有其事。

黃宗英是趙丹夫人，他們兩人都參加了這次座談會。她說：「這段『毛羅對話』，我是現場見證人，但我想不起還有哪位活著的人也聽到這段對話。我打電話給我熟悉的律師：『如果我寫出自己聽到的這段對話，將與海嬰所說的分量不同，因為我在現場；但是沒有第二個人說他也當場聽到，那我豈非成了孤證？若有人提出異議，我又拿不出任何旁證，那麼在法律上……』那位律師說：『正因為當時在場的人如今大概多已不在人世了，你就更有責任寫出來，留下來。你又不是在法庭上，你先把你看到、聽到的事實寫出來再說。』」

黃宗英在律師鼓勵下，便撰寫了一篇回憶文章。她寫得很認真，給自己設了「五關」：第一是法律關，我這樣站出來說，在法律上講是不是合適，史保嘉律師給了我勇氣和支持；第二是事實關，毛羅對話很簡短，我的記憶能不能一步步踩清楚，這點很重要。

我的一個基本原則是，我記得
的，就寫；記不住或者記不清
楚的，就不寫。因為我不是負
責現場記錄的，我沒有記錄毛
主席全部講話的責任；第三是
辯駁關，就是說，我要能回答
其他人的質疑，假如有人說：
你那天站的位置，不可能聽見
毛主席和羅稷南對話！那我要
拿出證據，證明我所處的位置

▲1957 年 7 月 7 日，毛澤東在上海中蘇友好大廈與上海文藝界人士座談。毛澤東身後左一為黃宗英，左二為趙丹，左四為應雲衛；照片右下角一為羅稷南。

確實能夠聽到、聽清楚毛羅之間的這段對話。第四是身體關，回憶
這些往事，我的血液循環快要失常，甚至要停止流動，史律師知道，
我患有腦梗塞，但我必須把我聽到的這段對話寫出來，算搶救自己
的史料；第五是文字關，我對編輯說：拙文若有語病、囉嗦、不妥
之處，請放手刪減、調整。

　　現在筆者便將黃宗英回憶文中，涉及羅稷南處介紹如下，其他
內容從略。

　　　　1957 年 7 月 7 日，忽傳毛主席晚上要接見我們。那天，
　　趙丹和我是坐在毛主席身後，羅稷南坐在毛主席的斜對面。

　　　　那天，毛主席和在座各位似乎都熟悉。接著毛主席對照
　　名單掃視會場，欣喜地發現了羅稷南，羅稷南迎上一步與主
　　席握手，就像久別重逢的老朋友。他倆一個湘音一個滇腔，
　　我聽出有「蘇區一別」的意思。

　　　　我又見主席興致勃勃地問：「你現在怎麼樣啊？」羅稷
　　南答：「現在……主席，我常常琢磨一個問題，要是魯迅今

天還活著，他會怎麼樣？」我的心猛地一激靈，啊，若閃電馳過，空氣頓時也彷彿凝固了。這問題，文藝人二三知己談心時早就悄悄嘀咕過，「反胡風」時嘀咕的人更多了，可又有哪個人敢公開提出？還敢當著毛主席的面在「反右」的節骨眼上提出？我手心冒汗了，天曉得將會發生什麼，我尖起耳朵傾聽：「魯迅麼──」毛主席不過微微動了動身子，爽朗地答道：「要麼被關在牢裏繼續寫他的，要麼一句話也不說。」呀，不發脾氣的脾氣，真彷彿巨雷就在眼前炸裂。

記不清遠一點兒的圓桌旁的哪一位站起來又說些什麼，也記不清座談會是怎麼繼續的，我只偷空兒悄悄問坐身邊不遠處的應雲衛：「應家伯伯，儂啊聽清爽要關勒監牢裏？」（上海話，意為：你是否聽清楚要關進監牢裏？）應雲衛對我滑頭滑腦笑眯眯說：「清爽勿清爽，當伊嘸介事」（意為：（聽）清爽沒聽清爽，（你就）當它沒有這回事。）他嘻嘻哈哈跟別桌的老朋友搭訕去了，滿堂賓客他彷彿沒有不認得的。

我不敢再想 7 月 7 日晚上的「毛羅對話」，更不敢想「魯迅關在牢裏」的事情。不該想的偏又想：怎麼過後沒見什麼文件、簡報記載此事？又禁不住怯怯地問阿丹：「沒聽到批判羅老的提問嗎？阿丹神色嚴厲地瞪了我一眼：「儂笨伐？！格事體攤出來啥影響？」（意為：你笨不笨呀，這種事發表出來會有什麼影響？）」

於是我謹遵「非禮勿言」的古訓，幾十年來，幾乎沒跟人談起過 1957 年之夏震撼心靈的一瞬間──發生於短短一分鐘內的「毛羅對話」。

此刻，已是「毛羅對話」的四十五年之後，是 2002 年 7 月 4 日的丑時。窗外雨聲暴雷接連向我奔來，光的閃裂，雷的撞擊，一切似乎被吞噬了。

天與地汲存了此聲此象，「對話」被刻入宇宙文化之礫石。

黃宗英這篇既生動又具體的回憶證言，說明羅稷南、賀聖謨、周海嬰等所披露的「毛羅對話」，是確有其事。同時，對那些主觀臆測者的質疑，總算被澄清了。「毛羅對話」的疑案，已被黃宗英畫上了圓滿的句號。

披露魯迅死因疑案引起一場風波

我從事魯迅資料工作已有五十餘年。早在 19 五十年代時，我就在報刊上宣傳魯迅事蹟。到 1982 年參加中國魯迅研究會後，與一些研究魯迅學者接觸，獲悉竟有五位有名的魯研專家提到我，說他們在讀初中時，就看到我寫的有關魯迅的短文章，頗有啟發，因而稱我為啟蒙老師。沒想到那些知識性的小文章，竟會產生如此影響，實屬意外。

但又沒有料到，1984 年我寫了一篇知識性短文——〈揭開魯迅死因之謎〉，竟闖了大禍，並因此引起風波，甚至牽涉到中日邦交。我的罪名是「有礙中日邦交」。於是，報刊展開對我嚴厲的批判和討伐，逼得我一而再，再而三地檢討。這飛來橫禍，使得很長一個時期我全家都不安寧。

雖然事情已過去二十年了，但我是受害者，有必要將這場風波的起因和經過公之於眾。

一、撰寫〈揭開魯迅死因之謎〉的由來

魯迅先生於 1936 年 10 月 19 日在上海逝世。但兩天前，即 10 月 17 日，魯迅還續寫〈因太炎先生而想起的二三事〉一文的中段，午後，他又外出訪問友人，並到內山書店去了一趟，回來天色已黑。傍晚，周建人來看他，這時魯迅精神很好，還與周建人商談搬家的事。

不料，當夜一時，魯迅氣喘復發，後經日本醫師須藤注射，不但沒有見效，反而加重病情，只有兩天時間，魯迅便離開了人世。

因為魯迅死的突然，便產生多種說法：一、報刊報導，魯迅因肺結核病復發醫治無效而去世；二、周建人認為魯迅的病被須藤耽誤致死；三、交通大學學生羅某某給周建人寫來密信，他認為須藤有謀害魯迅的嫌疑。

關於魯迅死因，眾說紛紜，始終沒有解決，成了謎團。

魯迅逝世後，還留有一件遺物——1936 年 6 月 15 日拍攝的「胸部 X 光片」。上海魯迅紀念館和上海市第一結核病防治院，於 1984 年 2 月 24 日，邀請一些著名肺科、放射科專家、教授，共同研究這件遺物並作出「魯迅先生不是直接死於肺結核病，而是死於自發性氣胸」的新結論，終於揭開長達四十八年的魯迅死因之「謎」。

我對這種務實精神，深表敬意，便因此寫了一篇短文〈揭開魯迅死因之謎〉。

我是搞魯迅資料的，知道周建人先生早在 1949 年 10 月 19 日《人民日報》上發表一篇〈魯迅的病疑被須藤醫生所耽誤〉，這篇文章鮮為人知，連〈魯迅研究資料索引〉也未

▲軍醫時代的須藤五百三（前左）

收錄。因為文中有不少關於魯迅死因的傳說，為了提供這方面的知識，我順便摘要作了介紹，其中主要內容：

魯迅突然病故，曾經引起人們懷疑。這要從須藤醫生談起。據說，須藤原是日本軍醫官。上海有一個日本在鄉軍人（即退伍軍人）

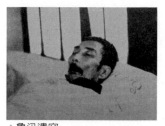

▲魯迅遺容

會，是一個侵略性質的團體。須藤擔任該會的副會長。他家裏裝有電話機，在電話裏常講關於中日之間交涉與衝突的情況。

魯迅去世不久，周建人先生忽然接到交通大學一位素不相識的人寫來的密信。信中推測，魯迅不是死於肺病，而是被日本醫生所謀害。他要求周建人認真調查一下；如查無實據，則務請保守秘密。周建人看完信，遵照來信人的請求，立即把密信燒掉了。

據說，魯迅的病雖嚴重，但還是可以醫治的，第一步需把肋膜間的積水抽去，如果遲延，必不治。須藤卻說肋膜下並無積水，但只過了一個月，他又說確有積水。魯迅逝世後，治喪委員會要須藤寫一份治療報告。他雖然寫了，但與實際治療不大相符。

後來周建人打聽須藤的下落，他早已不知去向了。

以上內容，都是從周建人所寫文章中摘錄的。我把它寫入〈揭開魯迅死因之謎〉一文中。一場風波就是由此而起的。

二、那場不堪回首的政治風波

據說，有一位日本記者，在北京報攤上買到一份《週末》（1984年5月5日），立刻把〈揭開魯迅死因之謎〉譯成日文，刊登在《朝日新聞》上，引起了日本學術界的關注。6月4日，日本《朝日新聞（夕刊）》，發表了日本福井縣立病院內科醫長，福井縣立短期大學內科學教授泉彪之助的文章，對此提出不同意見。泉彪之助經過調查指出：魯迅所患的活動性肺結核和氣胸合併症，死亡率目前仍

達 28.6%，即使在擁有第一流設備的日本國立療養所中野病院，其死亡率也達 25%，所以，對須藤醫生的非難是不公平的。

6 月 14 日，日本著名漢學家、京都大學教授竹內實在《朝日新聞（夕刊）》上發表文章，他比較客觀地分析了當時對魯迅死因表示懷疑的歷史原因。認為，魯迅去世時因中日關係比較緊張，那樣的懷疑反映了日中關係的險惡。

各人有各人的看法，本來是很正常的事。但在國內有人向上級打了報告，說我所寫的〈揭開魯迅死因之謎〉一文「有礙中日邦交」。於是，全國展開對我的批判。上海魯迅紀念館楊藍先生在 1984 年 9 月 23 日《解放日報》上發表〈關於魯迅胸部 X 線讀片會的始末〉，其中結尾說：「但前一時期，有的報刊發表文章，從『讀片會』，懷疑到魯迅的死因，從魯迅的死因又引申到對日本須藤醫生的譴責是沒有根據的。這既不實事求是，更有悖於科學態度。」

北京陳漱渝撰文說：「筆者就魯迅死因問題詢問了魯迅先生公子周海嬰，周海嬰委託筆者說明：紀維周的文章，對魯迅的死因進行推測，但未提供任何新的確鑿的史料，不能代表中國魯迅研究界的看法，也不代表他本人的看法。」

在南北夾擊之下，於是，報社編輯找我談話；單位領導對我指責；還有文化部門派專人多次找我審問。第一次檢討時，我如實地說，是根據周建人一篇文章內容編寫的，目的是普及有關魯迅知識。但沒有通過，指出檢討不能作一般說明，並嚴厲指出我的文章「不是學術問題，而是政治問題」，一定要從妨礙中日邦交上作出深刻認識和檢討，否則是過不了關的。於是，我昧著良心，說了我所不願說的話。

三、海嬰向須藤提出八項質疑

〈揭開魯迅死因之謎〉經過一場風波，平息之後，出版界把魯迅死因探討列為禁區，不許發表這類文章，周正章同志的論文，是學術性很強的，也被封殺，不許發表。

不料，周海嬰先生在 2001 年 5 月 15 日出版的《收穫》第 3 期發表〈關於父親的死〉一文，重提魯迅之死種種疑點，並點名直指給魯迅治病的日本醫生須藤，國內外傳媒廣泛轉載，引起國人普遍關注。魯迅研究專家紛紛發表意見。

王元化是知名的學者，他說：「這件事我早就聽說過。從海嬰回憶錄得知，須藤是日本烏龍會副會長。烏龍會是，日本在鄉軍人組織，這個組織是鼓吹軍國主義、侵略中國的。須藤醫生曾建議魯迅到日本去治療，魯迅拒絕了。日本就此知道了魯迅的態度，要謀害他是有可能的，像這樣一件重大懸案，迄今為止，沒有人去認真調查研究，真令人扼腕。現在由海嬰提出來，希望就此能引起重視，能將這件懸案查個水落石出。」（載《服務導報》2001 年 10 月 21 日）

中國魯迅研究會原會長林非先生接受《南京晨報》記者採訪時說，周海嬰這個人我很清楚，他是一個非常嚴肅、老實的人，不會隨隨便便說話。他對父親的事情很在意，他媽媽生前肯定和他討論過。周海嬰的看法值得注意。他表示，包括北京、上海等方面，應該開展進一步研究，把事情弄個水落石出。（載《南京晨報》2001 年 5 月 23 日）

十七年過去了，我不準備再談那些使人不愉快的往事。自周海嬰同志發表〈關於父親的死〉之後，引起學術界的關注。在刊物上

發表一些論文，又涉及到我所寫的〈揭開魯迅死因之謎〉。張震麟同志在《新聞廣場》2001 年第 4 期上，發表〈是誰言不由衷──十七年前《週末》報的一場風波〉，其中說：

> 〈揭開魯迅死因之謎〉，內容是根據周建人的文章和上海魯迅先生胸部 X 光片讀片會的會診意見，其行文和用語比今天周海嬰的文章要委婉和緩得多。紀的文章被當時日本報紙《朝日新聞》轉載後，在部分日本人士中引起了議論，對此事有不同的看法並不奇怪。可是，事情並不那麼簡單，竟因這篇短文在南京報界引起了一場軒然大波。
>
> 先是有「魯研界」人士將日本報紙上的文章譯成「內參」向上級報告，指出紀文「有礙中日友好」，「必須設法消除不良影響，以正視聽。」接著，上海和北京的報紙上就陸續出現了魯研界有關人士批「紀」文章、「大人物」的發話，於是，有關方面找了當時的報社負責人和作者談話，指出此文錯誤的嚴重性，要作出深刻檢查。當時江蘇就有文化方面領導人對作者說：「你這篇文章不是學術問題，是政治問題。」
>
> 在當時極左思潮尚未肅清的影響下，誰的職務高，誰的水平就高，誰就擁有絕對權威，誰就能說了算。報社負責人和作者除在內部做檢查外，報紙還兩次以「按語」形式作了公開檢查。並專程派人為紀文公佈了「讀片會」內容到上海魯迅紀念館道歉。如今，魯迅的公子代表了他的叔叔和母親「實話實說」，重提魯迅死因疑團，不知當年嚴厲指責《週末》報和紀維周的先生、女士們作何感想！

張震麟同志是江蘇魯迅研究學會會員、報社編輯，是這次風波目睹的見證人。這裏摘錄其中有關經過，可以使讀者瞭解當時的實況。

眾所周知，撰寫辯論、評論文章，必須以事實為依據，決不能以偽造事實混淆視聽；引用別人的話，更要實事求是，決不能篡改別人的意見，給別人帶來傷害。

四、陳漱渝扮演了什麼角色

陳漱渝代寫的「委託書」，是否偽造或篡改，暫時不下結論，請看下面的事實：

> 周正章同志對「委託書」表示懷疑，他曾與周海嬰通過電話採訪，海嬰先生回答說：「我是魯博魯迅研究室的顧問，對於研究人員提出的問題，是經常與之探討的。有一天陳漱渝給我電話，問到紀維周文章事。我說不知道，沒有看過。陳向我介紹紀的看法並問能代表我的看法嗎？我說紀維周的文章寫之前沒有和我聯繫過，怎麼代表我的看法呢？電話中陳漱渝沒有把問題說得嚴重，也沒有說做什麼用，他的文章發表之前，也沒有給我看過。」（見〈周正章關於「魯迅死因」答陳漱渝〉載《魯迅世界》2004 年第 1 期）

從周海嬰同志回答周正章的疑問看來，他並沒有請他代寫「委託書」；海嬰沒有看到我所寫的文章，也不知道我寫的內容，顯然，海嬰決不會無中生有的說：「紀維周的文章，對魯迅的死因進行推測，但未提供任何新的確鑿的史料。」可以說，完全是陳漱渝一手製造出來的。

我曾經與海嬰同志通過信，現將有關「委託書」一事，摘錄如下：

陳漱渝「聲明」，是否是我正規的「委託」，還是（電話裏）順便一說，現在吃不準。但是我的兩點意見，至少是都沒有否定你。由於你寫文章之前，咱們之間沒有探討這件事，因而我表示這是你的意思，是符合實際情況的。第二，我知道北京的魯研界對這一問題也沒有討論過，所以也不代表北京研究人員的意見，這也是實事求是的。這兩點若給「有心」人安插在文章裏，前後一呼應，效果和結論就截然不同了。我可料想不到會對你產生了嚴重後果，這是近年來才慢慢知道的。對你的這些傷害，並沒有人主動向我透露過。（摘自周海嬰 2002 年 12 月 18 日親筆簽名打印信）

從以上材料看來，所謂「委託書」的真相，除了偽造之外，並有篡改海嬰原意之處。

有位秋石先生，專找海嬰「毛病」，雖經周正章同志三次反駁，已經啞口無言，但他還不死心，在「委託書」上還要作文章，他撰文說：「海嬰先生就委託（授權）陳漱渝先生發表聲明，明確表示不同意紀維周關於魯迅被須藤醫生蓄意謀害致死的觀點；而到了2001 年，海嬰在兜售《魯迅與我七十年》一書時卻又重複了當年紀維周這一毫無根據的指責。是海嬰先生遺忘了他十七年前所持的正確立場？」（秋石〈實事求是——學術論爭的基本原則〉，見《魯迅的五大未解之謎》第 187 頁）

現在我披露「委託書」的真相，秋石先生所謂「實事求是」就不攻自破了。

關於魯迅死因種種疑案，我與周建人先生所提出的各種問題，無論材料和觀點，都是一致的。不料，陳漱渝卻利用周海嬰先生的名義，偽造了他的所謂「委託書」，使我蒙受不白之冤。海嬰先生起初並不瞭解，後來逐漸明白之後，多次來信，對我的傷害，深表歉意，並聲稱將在報刊上，為我澄清事實。

直到 2006 年 11 月，海嬰先生在《魯迅研究月刊》上，發表〈一樁解不開的心結——須藤醫生在魯迅重病期間究竟做了什麼？〉

該文中涉及我的情況說：「在父親的病危和去世的問題上，對須藤醫生的行為，母親、建人叔叔和我，都取懷疑的態度，這個態度不僅從來沒有改變，而且我們從來沒有放棄探查求證。我們還通過組織向中央彙報過，並請求中央幫助查證。沒想到這種觀點有一天忽然被上綱為影響中日兩國關係的『國際問題』。那是在 1984 年 5 月，紀維周先生發表〈揭開魯迅死因之謎〉，指出醫生療救過程中種種疑竇，推測他有圖謀，這種懷疑，對我們親屬來說並不新鮮，但在學術界卻是首次提出，因此日本研究界也很快有了反應，這本是正常不過的事情，不應該也不值得大動干戈。然而上世紀八十年代正是大講中日友好的時代，這種時候提出這種觀點，顯然是『不合時宜』的，於是紀先生承受了巨大的政治壓力，無端遭受種種責難，並被迫公開檢討，現在看來這是極不公正的。」

從以上所澄清的事實來看，可以使讀者瞭解二十多年前南京《週末》報曾因披露魯迅死因的疑案所發生的冤案的真相。

遺憾的是，在這次魯迅死因綜合報導上，無論在報刊上，或者有關專書中，竟沒有一篇，將其來龍去脈說清楚。因為我是受害當事人，有必要將其真相公之於眾。

　　另外，為了使讀者進一步瞭解情況，這裏選擇幾篇有關文章，作為「附錄」，以供研究者參考。

附錄一　揭開魯迅死因之謎

紀維周

　　魯迅先生於 1936 年 10 月 19 日病逝於上海。過去很多人都一直認為魯迅是因肺結核復發，醫治無效而離開人世的。

　　但是，魯迅死得很突然。在 10 月 17 日上午，魯迅還續寫〈因太炎先生而想起的二三事〉一文的中段。午後，他又外出訪問友人，並到內山書店去了一趟，回來天色已黑。傍晚，周建人來看他，魯迅精神很好，還與周建人商談搬家的事。

　　不料當夜 1 時，魯迅氣喘復發，後經須藤注射，不但沒有見效，反而加重病情，只有兩天時間，就在 19 日凌晨 5 時 20 分逝世。

　　魯迅突然病故，曾引起人們的懷疑。這要從須藤醫生談起。據說，須藤原是日本軍醫官。上海有一個日本在鄉軍（即退伍軍人）會，是一個侵略性質的團體。須藤擔任該會的副會長。他家裏裝有電話機，在電話裏常講關於中日之間交涉與衝突的情況。

　　眾所周知，日本在軍國主義者的統治之下，特務的秘密活動不下於德國法西斯。電視連續劇《霍元甲》中雖有不少虛構情節，但霍元甲在上海與日本人比武時負重傷，結果被日本醫生用毒藥謀害也是事實。

　　魯迅先生與日本人民友好，但他堅決反對日本侵略者的暴行。而須藤當時是侵略團體的負責人。於是，周建人就與魯迅商量，以

後不要再請須藤看病。但魯迅認為，中途改變醫生不妥。因此，沒有再請別的醫生。

魯迅去世不久，周建人先生忽然接到交通大學一位素不相識的人寫來的密信。信中推測，魯迅不是死於肺病，而是被日本醫生所謀害。他要求周建人認真調查一下；如查無實據，則務請保守秘密。周建人看完信，遵照來信人的請求，立即把密信給燒掉了。

據說，魯迅的病情雖嚴重，但還是可以醫治的，第一步需把肋膜間的積水抽去，如果遲延，必不治。須藤卻說肋膜下並無積水，但只過了一個月，他又說確有積水。魯迅逝世後，治喪委員會要須藤寫的一份治療報告。他雖然寫了，但與實際治療不大相符。

後來周建人打聽須藤的下落，他早已不知去向了。

——這真是一個「謎」，使人疑惑不解。魯迅逝世後，還留有一件遺物——1936 年 6 月 15 日拍攝的「胸部 X 光片」。上海魯迅紀念館和上海市第一結核病防治院，於今年 2 月 24 日，邀請一些著名肺科、放射科專家、教授，共同研究這件遺物並作出「魯迅先生不是直接死於肺結核病，而是死於自發性氣胸」的新結論，終於揭開長達 48 年的魯迅死因之「謎」。

專家們認為，魯迅的肺結核病情屬中等程度，不是死亡的直接原因，直接原因是左側肺大泡破裂，使氣體進入胸膜腔引起自發性氣胸，壓迫肺和心臟而死亡。

有些醫師認為，這種病，並不是不治之症，如果及時合理地治療，是可以治好的，至少不會立即死亡。遺憾的是，魯迅先生竟這樣過早去世了。

（原載 1984 年 5 月 5 日《週末報》三版）

附錄二　魯迅的病疑被須藤醫生所耽誤

周建人

　　魯迅病前常到內山書店裏去買書，因此認識了一個日本老醫生，姓須藤。很沉靜而謙和。知道點中國歷史，讀過本草綱目（有日本譯本）等書。認識後，魯迅自己，有時也介紹別人，有小毛病時叫須藤去看看。須藤看病也還認真，取費也低廉。魯迅肺病復發時，也就叫他去看了。須藤說，的確是肺病，但像他（魯迅）的年紀，決不會死於肺病。

　　據魯迅說，須藤本為日本軍醫官。在日俄戰爭時曾出過力。因晝夜醫治傷兵，用 X 光線找尋子彈所在，結果，自己的生殖腺受了損傷，所以一生不曾生過孩子。因年老退休，現在自己做做醫生。

　　我又從別處聽來：上海有一個日本在鄉軍人（即退伍軍人）會，是一個侵略性的團體，須藤擔任副會長。又知道須藤家的電話裏所講的多般不是醫藥上的事情，卻多數是中日之間的交涉與衝突。

　　我遂去勸魯迅不要再請教須藤醫生。但結果無效。

　　魯迅的病漸漸沉重起來。但過了一個時期，又好像好起來了。可是忽然急劇的氣喘發作，很快的就死去了。據須藤說：因肺結核穿孔，空氣外漏，心臟受壓迫，所以氣喘。無法可治，所以死了。

　　魯迅去世後，我即收到一封交通大學寄來的信，具羅××（名字已忘記）。他猜疑魯迅係被日本醫生所謀害。並要求我如查無實

據，給他保守秘密（不要宣傳他的這種推測）。我看後，便把他的信燒掉了。

但至少有一點是可疑的（別方面沒有證據，不能說甚麼）：疑魯迅的病被須藤醫生所耽誤。魯迅病重時，也曾經看過肺病專門醫生，據那醫生說：病已嚴重，但還可醫治，第一步須急把肋膜的積水抽去，如果遲延，必不治。問須藤醫生時，回答是說：肋膜裏並無積水。過了約莫一個月的時間，須藤又說確有積水，才開始抽積水。

又，魯迅死後，治喪委員會要須藤寫治療經過的報告。可是報告裏所說，與實際治療不大相符合。好像抽肋膜積水一節移前了一個時期。

所以至少可以說魯迅的病疑被須藤醫生所耽誤。──前一些時，向上海去打聽須藤醫生的情形時，早已不知去向，可能早隨日本兵隊撤走無法查考了。

十三年來沒有提起過羅××先生的猜度，今天提一下，以表明他關心魯迅的好意。

（原載《人民日報》1949 年 10 月 19 日）

附錄三　長埋於心底的謎

周海嬰

關於父親的死，歷來的回憶文章多有涉及，說法小異大同，幾乎已成定論。但在我母親許廣平和叔叔周建人的心頭，始終存有一團排解不去的謎霧。到了 1949 年 7 月，那時北京雖已解放，新中國尚未成立，建人叔叔即致信母親要「查究」此事。這封信至今保存完好，全文如下：

> 許先生惠鑒：
>
> 前日來信已如期收到，看後即交予馬先生了。馬先生屢電催，您究擬何時返平？
>
> 魯迅死時，上海即有人懷疑於為須藤醫生所謀害或者延誤。記得您告訴我說：老醫生的治療經過報告與實際治療不符，這也是疑竇之一。此種疑竇，至今存在。今您既在滬，是否可以探查一下，老醫生[1]是否在滬？今上海已解放，已可以無顧忌地查究一下了。不知您以為何如？草此布達，敬祝
>
> 健康
>
> 弟建人啟七月十四日

---

[1] 老醫生，即須藤醫生。

到了同年 10 月，叔叔更在《人民日報》著文，對須藤醫生的診療公開表示質疑。後來聽說日本醫學界有位泉彪之助先生，曾為此專程到上海魯迅紀念館來查閱過有關資料，最後似乎做了支持須藤醫生的結論。但這仍不能排除二老的懷疑。一直到晚年，母親和叔叔仍不止一次地向我談起此事，叔叔甚至在病重之際，還難釋於懷。如今我也垂垂老矣，因此覺得有責任重提這樁公案，將自己之所知公諸於眾。至於真相究竟如何，我也無從下結論，只能留待研究者辨析了。

建人叔叔是這樣對我說的，父親臨死前，確實肺病極重，美國友人史沫特萊特請一位美國肺科專家鄧（DUNN）醫生來會診。孫夫人宋慶齡也在這裏起了幫助作用。鄧醫生檢查之後對我們說：病人的肋膜裏邊積水，要馬上抽掉，熱度就會退下來，胃口隨之就會開，東西能吃得下去，身體的抵抗力就會增加。如果現在就開始治療、休養，至少可活十年；如果不這樣做，不出半年就死。治療方法極簡單，任何一個醫生都會做。你們商量一下，找一個中國醫生，讓他來找我，我會告訴他治療方案，只要照我說的去做就行，無須我親自治療。提到是否要拍「X」光片，鄧醫生說，「經我檢查，與拍片子一樣。」講得十分把握。鄧醫生的診斷是結核性肋膜炎，而須藤醫生則一口否定。直到一個多月後才承認，才抽積水。我相信叔叔說的話，因為現在我也知道，這種診斷連一般醫科高年級學生都能通過聽診得出的，而不應當被誤診。況且須藤醫生已為父親看病多年，更不該搞錯。

　　叔叔接著說：上邊這些話，是你爸爸媽媽親自講給我聽的。那時我還通過馮雪峰的妻子，也同馮（雪峰）先生談過[2]，但他仍贊成老醫生繼續看下去，這樣鄧醫生的建議就被擱置起來。孰料鄧醫生的診斷頗為準確，10月份父親就去世了，距他的會診，恰好半年。父親死後，須藤寫了一張治療經過，使用的藥物等等，你母親經常提起這份報告，說這不符合當時治療的實際情況。診斷報告的前段，講魯迅怎麼怎麼剛強一類空話，後段講述用藥，把診斷肋膜積水的時間提前了。這種倒填治療時間的做法，非常可疑。記得須藤醫生曾代表日本方面邀請魯迅到日本去治療，遭到魯迅斷然拒絕，說：「日本我是不去的！」是否由此而引起日本某個方面做出什麼決定呢？再聯繫到魯迅病重時，迫不及待地要搬到法租界住，甚至對我講，你尋妥看過即可，這裏邊更大有值得懷疑之處。也許魯迅有了什麼預感，但理由始終不曾透露。我為租屋還代刻了一個化名圖章。這件事距他逝世很近，由於病情發展很快，終於沒有搬成。

　　須藤醫生在我父親去世後，再也沒有遇到過。當時以為，也許是我們遷往法租界之故吧。但到了解放後，我母親幾次東渡訪問日本，在進行友好活動的過程中，曾見到許多舊日的老朋友，裏面也有為我家治過病的醫生，都親切相晤各敘別後的艱苦歲月。奇怪的是，其中卻沒有這位與我家的關係那麼不同尋常的須藤醫生，也沒有聽到誰人來傳個話，問候幾句。日本人向來重禮儀，母親訪日又

[2]　中日關係緊張時，想要和馮雪峰、周揚商量一件事，他們都不露面，甚至傳遞點消息都不易。叔叔找馮雪峰的妻子遞話，就是當時的實際情況。叔叔還講過，在十九路軍抗日時期，馮雪峰住虹口離魯迅的家不遠，北四川路郵局旁的永安裏，形勢剛剛開始有點緊張，他就不見蹤影。為此，魯迅很不滿，說連通知也不通知一下。幾天以後，由內山先生代雇了一輛汽車，我們全家才被送到四馬路的內山書店二樓，避了四十天。——海嬰附注。

是媒體追蹤報導的目標，他竟會毫不知情，什麼表示也沒有，這是不可思議的。只間接聽說，他還活著，仍在行醫，在一個遠離繁華城市的偏僻小地方。難道他曾經診治過的病人太多，真的遺忘了嗎？一句話，他怎麼會在那麼多熟人裏消失了呢？

叔叔又講，魯迅死後，你病了想找醫生診治，那時還沒有離開虹口大陸新村，問內山完造先生該找哪位醫生，內山講了一句：「海嬰的病，不要叫須藤醫生看了吧！」那意思似乎是已經有一個讓他治壞了，別讓第二個再受害了。

商務印書館一位叫趙平聲的人曾在「一．二八」前講過，須藤醫生是日本「烏龍會」的副會長，這是個「在鄉軍人」團體，其性質是侵略中國的，所以這個醫生不大靠得住。叔叔聽了就對父親講，並建議現在中日關係緊張，還是謹慎些不找須藤醫生吧。父親當時猶豫了一下，說：「還是叫他看下去，大概不要緊吧。」

也許是多疑，還有一件事，母親也對我說過多次。她對用藥雖是外行，有一件事一直耿耿於懷。她說，肺結核病在活動發展期，按常識是應當抑制它的擴展。雖然那時還沒有特效藥，但總是有治療的辦法，例如注射「空氣針」等。但是，須藤醫生卻使用了激素類針劑，表面上病人自我感覺暢快些，但促進了疾病的發展蔓延。這種針劑是日本產品，我國的醫生並不熟悉，又過了幾十年，要尋找瞭解當時日本對此類疾病的治療專家來鑑定恐怕是很難的了。我在此只是將母親的疑問記錄下來。

母親還說，父親臨死前一天，病情頗為危急，呼吸局促，冷汗淋漓，十分痛苦。問須藤醫生病情的發展，老醫生說：「過了今天就好了。」母親後悔地講，我總往好轉緩解的方面去想，不料這句

話是雙關語，我當時太天真了。到了凌晨，父親終於因心臟衰竭而亡故了。母親當時的傷心悔恨，我想誰都能想像得出的。

綜合以上事實，作為一個負有全責的、人命關天的搶救醫生，須藤醫生在這兩天裏採取了多少積極措施呢？這在母親的回憶錄裏敘述得很清楚，不再重複。我還有進一步的疑問：父親是肋間積水，去世前發生氣胸，肺葉上縮壓迫心臟，最終是心力衰竭而停止了呼吸。我當時站在父親床前，看到日本女護士，兩手左右搖晃父親的胸部，力圖晃動胸中的心臟使它恢復跳動。這僅是「盡人事」而已，毫無效果的。使我懷疑的一點是：須藤似乎是故意在對父親的病採取拖延行為，因為在那個時代，即使並不太重的病症，只要有需要，經濟上又許可，即可送入醫院治療。須藤為什麼沒有提出這樣的建議，而只讓父親挨在家裏消極等死？

如今父親去世已經一個甲子了，這件隱藏在上輩人心中的疑惑，總是在我心頭閃閃爍爍不時顯現。是親人的多疑還是出於莫須有的不信任？我以為否定不容易，肯定也難尋佐證。但我想還是拋棄顧慮，將之如實寫下來為好。我絕無以此煽起仇恨的意思，祈願日本友人，不要以此怪罪。我只是實事實說。

（原載《魯迅與我七十年》，南海出版公司 2001 年出版）

附錄四　一場對研討魯迅死因的大封殺

周正章

　　就研究魯迅死因而言，是直接死於肺結核病還是直接死於自發性氣胸，這決不是小事一樁，就主治醫生的責任而言，關係甚大。如果說是前者，屬正常死亡，家屬絕不會叫喊不休六十多年之久的；如果說是後者，作為並非不治之症，可以搶救的自發性氣胸，就有個主治醫生診治是否得當的問題了。這是一個順理成章的事情，可是在 1984 年 2 月 23 日上海《解放日報》發布讀片會報導後，竟引發了一場風波，一次新「友邦驚詫論」。當年，有人竟蠻不講理地把魯迅死因研究與須藤醫生責任硬性分開，而魯迅死因真相又被塵封了十七年。

　　1984 年 5 月 5 日南京《週末》報發表〈揭開魯迅死因之謎〉一文，作者紀維周先生根據上海讀片會結論和周建人建國初那篇〈魯迅的病疑被須藤醫生所耽誤〉的看法，再次把問題指向日本醫生須藤。7 月 21 日北京《團結報》發表〈魯迅先生並非死於肺病〉一文，作者蔡瓊先生也根據上海讀片會報導，提及「魯迅先生氣喘復發，經須藤醫生注射治療，反而病情加重。」

　　就這麼簡單，就這麼兩篇小文章，卻引來了大麻煩，引來了對魯迅死因真相探討的大封殺。紀維周的文章被日本《朝日新聞》轉載，隨後《朝日新聞（夕刊）》6 月 4 日發表日本泉彪之助（筆者按：

泉先生係藤野紀念館資料調查員、福井縣立醫院主任醫師、福井縣立短期大學內科學教授）的文章，6 月 16 日發表日本學者竹內實的文章，對紀文提出不同看法。須藤已於 1959 年病逝，但這兩位日本作者出發點顯然是為了維護須藤的，雖然他們並未「提供任何新的確鑿的史料」，卻在中國境內象鑿鑿言詞似的大行其道。其實，這本屬正常範圍內的不同議論而已，不值得大驚小怪的。可是，熟讀魯迅〈「友邦驚詫」論〉的人士，將日本報紙上的文章譯成「內參」向上報告，一些人就驚詫了起來：指出紀文「有礙中日友好」，「必須設法消除不良影響，以正視聽」。隨即 1984 年 8 月 25 日北京《團結報》發表魯迅研究室陳漱渝先生〈日本讀者對於魯迅死因的看法〉一文，作者在涉及讀片會結論時持肯定態度，並承認《解放日報》記者「作了客觀報導」。陳文主旨是根據兩位日本作者的意見，批評「有礙中日友好」的紀文：「鑒於以上情況，筆者於 8 月 2 日就魯迅死因問題詢問了魯迅先生的公子周海嬰，周海嬰委託筆者說明：紀維周的文章，對魯迅的死因進行推測，但未提供任何新的確鑿的史料，不能代表中國魯迅研究界的看法，也不代表他本人的看法」。事實上，包括紀維周在內的中國魯迅研究者可謂多矣，可能誰都沒有考慮過「資格」問題，能不能代表中國魯迅研究界。難道「文責自負」的遊戲規則已此路不通了嗎？難道陳漱渝就能代表中國魯迅研究界？（筆者按：1984 年，陳漱渝曾接受周海嬰委託，代表周海嬰。2001 年，周海嬰發表〈關於父親的死〉一文，北京一位魯迅研究專家又嘮叨起來，是不是委託書已經過期失效了？）當年在發表陳文的同時，《團結報》還發表一則〈編者小啟〉，全文如下：「本報第 669 號發表讀者蔡瓊〈魯迅先生並非死於肺病〉一文，根據報刊發表的材料，指出魯迅先生並非直接死於肺結核，而死於

氣胸。這是一個可以研討的醫學課題。但由此而引伸到當年治病的須藤醫生有什麼責任,是沒有根據的。現在發表魯迅研究室陳漱渝同志的文章,以正視聽。」1984 年 8 月 26 日日本《朝日新聞・朝刊》迅速作出反應,對〈編者小啟〉的表態表示滿意「《團結報》在此之前曾刊登和紀氏新觀點相同內容的讀者意見,然而現在則一轉,在編者按中說,認為日本原軍醫在魯迅之死上有什麼責任是沒有根據的。」蔡瓊也未被放過,罪名是「沒有根據」。彷彿編者有了陳文舶來日本兩位作者的「根據」就有了「根據」了,就可以厲聲厲氣「以正視聽」了。陳漱渝這篇「以正視聽」的文章,當然還得由《週末》報轉載,繼續「以正視聽」。當時北京《文摘報》、上海《報刊文摘》(1984 年 9 月 4 日)等以〈從魯迅死因懷疑須藤醫生並無根據〉為題轉摘該文與〈編者小啟〉,很「以正視聽」了一陣。

緊接著,1984 年 9 月 23 日上海《解放日報》發表上海魯迅紀念館副館長楊藍先生〈關於魯迅胸部 X 線讀片會的始末〉一文,作者除了敘述讀片會始末並摘錄了專家們鑑定意見外,主旨是不指名地把矛頭指向涉及日本須藤的文章作者:「鑑定意見書表明,魯迅先生是死於『多疾病基礎上的自發性氣胸』。我們認為,對魯迅的病情有不同意見,作為學術探討是完全可以的。但前一時期,有的報刊發表文章:從『讀片會』懷疑到魯迅的死因;從魯迅的死因又引伸到對日本須藤醫生的譴責是沒有根據的。這既不實事求是,更有背於科學態度。」該文第二天(即 9 月 24 日)又由《南京日報》和《週末》報全文轉載。請看楊文的「科學態度」何其鮮明:怎樣探討魯迅死因是可以的,怎樣引伸到日本須藤醫生是不可以的,彷彿全憑楊先生說了算數。似乎不甚了然醫學的楊先生的「科學態度」,還表現在她竟為須藤醫生的診治進行醫學「鑑定」:「最後,

須藤醫生還概括了魯迅的疾病：『有肺結核，右胸濕性肋膜炎，支氣管性喘息，心臟性喘息及氣胸』。有許多相似之處。可見當年須藤醫生對魯迅病情的診斷，在主要方面與鑑定意見沒有根本矛盾。」其實，上海專家的意見書已將須藤誤診的「支氣管哮喘」與「心臟性喘息」兩個病完全排除（下文將具體討論），有了「根本矛盾」，楊先生卻視而不見，大談「有許多相似之處」。科學不是「似」與「不似」的問題，而是「是」與「不是」的問題，再多相似也毫無用處。由此可見，楊先生這裏不存在什麼「科學態度」問題，存在的只是為日本須藤醫生辯解的「心態」而已。現任上海魯迅紀念館負責人王錫榮先生表示：「須藤誤診這一事實基本上可以確定。」（見 2001 年 5 月 23 日《南京晨報》）這不是又把魯迅死因引伸到須藤了嗎？並把前任的「科學態度」打得粉碎。

附錄五　也談魯迅之死的疑點

紀維周

　　周海嬰同志在《收穫》今年第三期上發表〈關於父親的死〉。其中有一段是「一個長埋於心底的謎」，披露了有關須藤為魯迅治病的八項疑團。為了研究者方便，現摘錄部分原文如下：

　　　　叔叔在《人民日報》著文，對須藤醫生的診療公開表示質疑。後來聽說日本醫學界有位泉彪之助先生，曾為此專程到上海魯迅紀念館來查閱過有關資料，最後似乎做了支持須藤醫生的結論。但這仍不排除二老（指周建人、許廣平──摘錄者注）的懷疑。一直到晚年，母親和叔叔仍不止一次地向我談起此事，叔叔甚至在病重之際，還難釋於懷。如今我也垂垂老矣，因此覺得有責任重提這樁公案，將自己之所知公諸於眾。至於真相究竟如何，我也無從下結論，只能留得研究者辨析了。建人叔叔是這樣對我說的，父親臨死前，確實肺病極重，美國友人史沫特萊特請一位美國肺科專家鄧（DUNN）醫生來會診。孫夫人宋慶齡也在這裏起了幫助作用。鄧醫生檢查之後對我們說：病人的肋膜裏邊積水，要馬上抽掉，熱度就會退下來，胃口隨之就會開，東西能吃得下去，身體的抵抗力就會增加。如果現在就開始治療、休養，

至少可活十年；如果不這樣做，不出半年就死。治療方法極簡單，任何一個醫生都會做。你們商量一下，找一個中國醫生，讓他來找我，我會告訴他治療方案，只要照我說的去做就行，無須我親自治療。提到是否要拍 X 光片，鄧醫師說，「經我檢查，與拍片子一樣」。講得十分把握。鄧醫生的診斷是結核性肋膜炎，而須藤醫生則一口否定。直到一個多月後才承認，才抽積水。我相信叔叔說的話，因為現在我也知道，這種診斷連一般醫科高年級學生都能通過聽診得出的，而不應當被誤診。況且須藤醫生已為父親看病多年，更不該搞錯。

孰料鄧醫生的診斷頗為準確，十月份父親就去世了，距他的會診，恰好半年。父親死後，須藤寫了一張治療經過，使用的藥物等等。母親經常提起這份報告，說這不符合當時治療的實際情況。診斷報告的前段，講魯迅怎麼怎麼剛強一類空話，後段講述用藥，把診斷肋膜積水的時間提前了。這種倒填治療時間的做法，非常可疑。記得須藤醫生曾代表日本方面邀請魯迅到日本去治療，遭到魯迅斷然拒絕，說：「日本我是不去的！」是否由此而引起日本某個方面做出什麼決定呢？再聯繫到魯迅病重時，迫不及待地要搬到法租界住，……也許魯迅有了什麼預感，但理由始終不曾透露。

須藤醫生在我父親去世後，再也沒有遇到過。……

還有一件事，母親也對我說過多次。她用藥雖是外行，有一件事卻一直耿耿於懷。她說，肺結核病在活動發展期，按常識是應當抑制它的擴展。雖然那時還沒有特效藥，但總是有治療的辦法，例如注射「空氣針」等。但是，須藤醫生

卻使用了激素類針劑，表面上病人自我感覺暢快些，但促進
了疾病的發展蔓延。這種針劑是日本產品，我國的醫生並不
熟悉，又時過幾十年，要尋找瞭解當時日本對此類疾病的治
療專家來鑑定恐怕是很難的了。我在此只是將母親的疑問記
錄下來。……

周海嬰同志的文章發表後，受到魯研界的關注。上海魯迅紀念
館負責人王錫榮同志說，多年來，周海嬰的懷疑確實存在。這是個
歷史問題，一定要討論。如果現在不把魯迅之死的疑點搞清楚，就
有可能永遠搞不清，從而成為歷史疑案。

中國魯迅研究會會長林非說，周海嬰這個人我很清楚，他是一個
非常嚴肅、老實的人，不會隨隨便便說話。他對父親的事情很在意，
他媽媽生前肯定和他討論過。周海嬰的看法值得注意。他表示，包
括北京、上海等方面，應該展開進一步研究，把事情弄個水落石出。

我多年從事魯迅史料工作，對魯迅之死也深為關注。

早在十六年前，1984 年 5 月 5 日，我在《週末》上，發表了一
篇短文：〈揭開魯迅死因之謎〉，主要是稱讚上海魯迅紀念館對魯迅
X 光片進行科學研究所獲得的新成果。

因為我崇敬魯迅，宣傳魯迅、普及魯迅各方面知識，是我終生
的職責。周建人先生為人正直，有關魯迅治療情況，是他親歷過的。
他決不會亂說的。因此，我從周建人所發表的〈魯迅的病疑被須
藤醫生所耽誤〉一文中，將有關對須藤的質疑，作了摘錄。目的
是向青年提供一些有關魯迅死因的知識。萬萬沒有想到，竟因這
篇短文，掀起軒然大波。有人批評說：「從魯迅的死因又引伸到對
日本須藤的譴責是沒有根據的。這既不實事求是，更有背於科學
態度。」

現在周海嬰同志把這個問題再提出來，我認為是必要的。

為了讓研究者進一步探討這個問題，我現在以史實為依據，綜述五十年來有關這方面的情況。

（一）魯迅是怎樣認識須藤的

須藤是日本醫生，魯迅是在內山書店認識他的。據說他知道一點中國歷史，還讀過中國的《本草綱目》等書。因為他沉靜而謙和，因而給魯迅留下很好的印象。認識後，魯迅有點小毛病，便請他看看。

據魯迅說，須藤本為日本軍醫官。在日俄戰爭時曾出過力。因為晝夜醫治傷兵，用 X 光線找尋彈子所在，結果，自己的生殖腺受了損傷，所以一生不曾生過孩子。因年老退休，便自己做做醫生。

魯迅所瞭解須藤的情況，僅此而已。

魯迅三弟周建人，當時在上海商務印書館工作。他有個同事，名叫趙平聲，曾在「一‧二八」前講過，須藤醫生是日本「烏龍會」的副會長，這是「在鄉軍人」團體，其性質是侵略中國的，所以這個醫生不大靠得住。因此，周建人便對魯迅說了，並建議現在中日關係緊張，還是謹慎些不找須藤醫生吧。但魯迅認為，中途改變醫生不妥，因此，仍請須藤繼續看病。

（二）魯迅逝世前後情況

魯迅在 10 月 17 日上午，還續寫〈因太炎先生而想起的二三事〉一文的中段，午後，他又外出訪友，並到內山書店去了一趟，回來

天色已黑。傍晚，周建人來看他，魯迅精神很好，還與周建人商談搬家的事。

不料當夜一時，魯迅氣喘復發，後經須藤注射，不但沒有見效，反而加重

病情，只有兩天時間，就在 10 月 19 日凌晨 5 時 25 分，魯迅便與世永別了，享年僅有五十六歲。

魯迅逝世不久，周建人忽然接到交通大學一位素不相識的人寫來的密信。信中推測，魯迅不是死於肺病，而是被日本醫生所謀害。他要求周建人認真調查一下，如查無實據，則務請保守秘密。周建人看完信，遵照來信人的請求，立即把密信燒掉了。

據說，魯迅的病情雖嚴重，但還是可以醫治的，第一步須把肋膜間的積水抽去，如果遲延，必不治。須藤卻說肋膜下並無積水，但只過了一個月，他又說確有積水。魯迅逝世後，治喪委員會要須藤寫一份治療報告。他雖然寫了，但與實際治療不大相符。

後來周建人打聽須藤的下落，卻發現他早已不知去向了。

（三）周建人要求許廣平「查究」須藤

周建人對須藤始終存有一團排解不去的迷霧。因為他從別處聽來，須藤是侵略中國團體的副會長，又知道須藤家的電話裏所講的，多般不是醫藥上的事情，卻多數是中日之間的交涉與衝突。對此，周建人對須藤深表懷疑。

到了 1949 年 7 月，那時北京雖已解放，新中國尚未成立，周建人便給許廣平一封信。這封信至今保存在周海嬰手裏。原文如下：

許先生惠鑒：

　　前日來信已如期收到，看後即交予馬先生了。馬先生屢電催，您究擬何時返平？魯迅死時，上海即有人懷疑於為須藤醫生所謀害或者延誤。記得您告訴我說：老醫生（按：指須藤）的治療經過報告與實際治療不符，這也是疑案之一。此種疑案，至今存在。今您既在滬，是否可以探查一下，老醫生是否在滬？今上海已解放，已可以無顧忌地查究一下了。不知您以為何如？草此布達，

敬祝
健康

弟建人啟
七月十四日

1949 年 10 月，周建人便在《人民日報》發表〈魯迅的病疑被須藤所耽誤〉，對須藤醫生的治療公開表示質疑。

　　文中提到他所瞭解關於須藤的各種情況，但遺憾的是，當時卻沒有引起學術界的注意。連〈魯迅研究資料索引〉也漏收。因此，周建人的文章，鮮為人知。

（四）關於魯迅胸部 X 線讀片會

　　魯迅逝世後，還留有一件遺物——1936 年 6 月 15 日拍攝的胸部 X 光片。上海魯迅紀念館和上海市第一結核病防治院，於 1984 年 2 月 24 日，邀請一些著名肺科、放射科專家、教授，共同研究

這件遺物並作出了「魯迅先生不是直接死於肺結核病，而是死於自發性氣胸」的新結論，終於揭開長達四十八年的魯迅死因之「謎」。專家們認為，魯迅的肺結核病情屬中等程度，不是死亡的直接原因，直接原因是左側肺大皰破裂，使氣體進入胸膜腔引起自發性氣胸，壓迫肺和心臟而死亡。有些醫師認為，這種病，並不是不治之症，如果及時合理地治療，是可以治好的，至少不會立即死亡。

我把以上情況綜述公佈，主要是為研究者提供參考，希望引起有關各方面的關注，終有一天能把這個問題弄個水落石出。

須藤醫生誤診誤治應予譴責

——尚有不少疑點還待深入研究

  周正章同志經過多年辛勤查證，撰寫了〈魯迅先生死於須藤誤診真相〉三萬多字的長篇學術論文在廣東《魯迅世界》今年第 1 期全文推出後，在各地魯研界和讀者中產生了積極廣泛的影響。江蘇、上海、安徽等地多家報刊對此作了報導，眾多京、滬、蘇、皖、穗專家發表了評論。為此，江蘇省魯迅研究學會於五月中旬在南京專門召開了「魯迅死因研討會」。到會的各地老專家和青年學者聚集一堂，暢所欲言，就魯迅死因和與此有關的社會文化現象開展了熱烈而深入的討論，並提出了不少待查證的疑點。會議由江蘇省魯迅研究學會會長包忠文教授主持。

  包忠文教授在回顧了過去探討魯迅死因遭扼殺的歷程後，指出：這次重提魯迅死因是思想的解放。周正章同志在魯迅研究方面頗有成就，從人文思想高度、醫學觀點作了比較完整的研究，取得了新的突破。廣東看重周正章的文章並全文一次刊出，是有魄力、有勇氣的。

  周正章的發言充滿激情。他說：讀了一輩子魯迅的書，這次寫作重要的一點在於表達自己的一種責任感，不能將以前糊里糊塗的事，例如魯迅死因再繼續糊塗下去。政治對人性、人道、人情壓抑太久，國內對魯迅的死未能引起足夠的重視，我深感有一種責任，必須弄個明白。魯迅並不是死於肺結核，須藤的誤診誤治是可以肯

定的，應給予譴責。魯迅死因研究屬科學範疇，應堅持是非標準，是就是「是」，非就是「非」，決不應有絲毫含糊。

八十多歲高齡的魯研老將紀維周先生心情極不平靜。他十八年前寫作〈揭開魯迅死因之謎〉一文的根據，是上海讀片會和周建人先生的文章，是尊重科學、尊重事實的，是有根據的，結果卻遭到了無理封殺。紀老提及那段令人不愉快的往事時，已是老淚縱橫、泣不成聲了。

甘竟存教授就研討魯迅死因的意義作了專題發言。他說：總結歷史的經驗教訓，總結中國人自己的歷史教訓，呼籲關心人、關愛人。縱觀中國的現狀缺少的是「誠」與「愛」，社會交往中不上當受騙的人很少。通過歷史的教訓，對老百姓的愛越來越少，對知識份子的關心，對民族精英偉人的關心和愛護也很缺乏。

魯迅的死有直接原因與間接原因。直接原因是須藤醫生的誤診誤治，周正章的文章已說得很清楚。間接原因有三個方面：一、舊社會的種種壓迫，生活的艱難；二、反動軍閥和國民黨的迫害；三、同一陣營中的人對他的圍攻打擊、從背後放的冷箭。當然，魯迅本身的氣質、性格，對他的死也很有關係。他一生中有三次精神危機：一、辛亥革命的流產使他痛苦；二、「五四」以後的現實使他「彷徨」；三、魯迅是個性格憂鬱的人，到了 1935、1936 年，他對蘇聯的「肅反」產生了疑問……中國的知識份子都在受難，無論是革命知識份子、技術知識份子，還是人文知識份子無一例外。許多自命的革命家，對民族的精英偉人採取漠然的態度，甚至於對他們進行圍攻打擊，有的只是利用，沒有真正關心魯迅，對知識份子的關心愛護太少。研究魯迅要從社會背景、歷史背景下的廣闊角度來看。

面對二十一世紀的到來，知識份子肩負的任務巨大，命運也面臨著嚴峻的挑戰與考驗。

鄭心伶教授語重心長地說：魯迅先生是民族魂、民族偉人，一下子就消失了。對死因要研究，巨人之死，是世界性問題，中華民族一定要研究個水落石出，否則是中國的遺憾，是中華民族的悲哀。研究魯迅死因為什麼會出現風波？那時正在撥亂反正還發生「批紀」，學術研究上缺少民主，要吸取教訓。

張震麟同志依據歷史資料和現實的情況，較為系統詳盡地整理了魯迅逝世以來，圍繞探討魯迅死因和遭封殺的艱難歷程。他說：特別是 1984 年那場「風波」是很不正常的，「大人物」獨斷專橫，公然否定上海讀片會的科學結論和周建人先生的質疑文章，有根據也要說「沒有根據」，硬用「有礙中日友好」、「政治問題」和「胡說八道」等大帽子扣給紀老先生，顛倒了是非，把探討魯迅死因弄成禁區。到了新世紀，周海嬰先生再次針對須藤先生提出疑問，我們有些研究專家仍然堅持固有觀點，以想當然代替查證史料，認為年代久遠許多史實已沒法調查取證，為須藤辯解，對魯迅對歷史採取不負責任的態度。直到《魯迅世界》推出了周正章的論文，在鐵的事實面前，某些先生才不得不表示「認同」。

張震麟在發言中還特別提出，有幾個疑點需要用力氣查證。一、上海讀片會前後公佈了兩個版本，二者有明顯差別，如先說魯迅病情屬於中等程度，後又刪去。建議查證前後修改變化的內幕。二、為了發動更多的熱心人關心探討魯迅死因，建議查證上世紀從三十年代中期到抗戰勝利，須藤長時間在上海開「須藤醫院」行醫的情況。三、建議查證日本烏龍會在上海的活動，以及三十年代日本浪人在滬情況。據知，目前在互聯網上探討魯迅死因的有關文章

就有八百四十九篇之多。群眾發動起來了，相信許多線索與疑點的謎底總會揭開的。

莊嚴教授用「重新認識魯迅，重新認識歷史，重新認識中國」三句話來概括研究魯迅死因的意義。他說，魯迅之死的直接原因和間接原因，歸根結底是中國社會近百年來的基本走向決定的。從魯迅死因的歷史研究，可以引發我們對中國的過去、未來進行思考。接著，他對周正章長文作了幾方面的闡述：首先是突破了政治禁區。主流意識、主流文化和邊緣文化；知識份子與政治的關係，與主流的關係，即控制與反控制的關係，出現了禁區。還有物質文化、精神文化和制度文化，對人有制約和影響。其次，開始突破名人的禁區。名人文化、名人牌位，歷史是勝利者的宣傳，要還原歷史本來面目。魯迅研究中有誤區，如神化。魯迅本人有戀日情結，要負一部分責任；他有偏激傾向。魯迅對中國文化、對中國社會的分析，沒有達到現在人們認識的水平，不夠清醒。第三、開始突出對魯迅死因的解剖。但不能到此為止，還要深入下去，讓人們看到的不只是魯迅如何死，而是要看到給我們帶來的啟示和思考，希望作者進一步解剖。

洪橋副編審認為，周正章的論文是對魯迅研究的一大貢獻。周正章的文學素養很高，對魯迅研究肯下功夫，有鑽研精神；同時他本人又是個有經驗的醫生，深諳醫道，只有將二者結合起來才能完成這一命題，他取得成功決不是偶然的。

劉福勤研究員指出：單從研究魯迅死因上講也很有意義，再從中透視政治、經濟、文化那意義就更大了。

韓斌生副研究員認為：魯迅死因問題的提出和研究，將引發魯迅傳記的重寫。特別要感謝廣東同志對江蘇的支持，我很贊同加強

雙方學會的合作。如果今後兩個學會聯手開展學術交流，歡迎到常州來，我願意盡力作出貢獻。

　　包忠文教授最後作了總結發言。他深情地說：這次研討會既肯定了已取得的研究成果，又進一步動員大家向新的研究高度攀登，開得很好。周正章、紀維周同志的文章均有很大突破。同志們提出的線索和疑點，需要大家進一步調查、取證，以便揭開更深層次的思考。我們要堅持用魯迅精神來研究魯迅，敢於擔當，不怕風險；敢於超越，與時俱進。

張震麟整理

江蘇魯迅研究學會在寧舉辦
「魯迅死因」研討會

　　江蘇魯迅研究學會於 2002 年 5 月 11 日，在南京專門舉辦「魯迅死因研討會」。參加者除南京市魯迅研究專家外，還有廣州、安徽、徐州、常州等外地學者、教授。會議由江蘇魯迅研究學會會長包忠文教授主持。他首先回顧了過去探討魯迅死因遭扼殺的歷程，指出：這次重提魯迅死因是思想解放。他對周正章同志在《魯迅世界》2002 年第 1 期發表〈魯迅先生死於須藤誤診真相〉一文，表示讚賞，認為周文「從人文思想高度、醫學觀點作了比較完整的研究，取得了新的突破。」

　　接著，周正章發言說：「國內，對魯迅的死因未能引起足夠的重視，我深感有一種責任，必須弄個明白。魯迅並不是死於肺結核，須藤的誤診誤治是可以肯定的，應給予譴責。」

　　張震麟同志依據歷史資料和現實的情況，較為系統詳盡地整理了魯迅逝世以來，圍繞探討魯迅死因和遭封殺的艱苦歷程。他說：把探討魯迅死因弄成禁區，是很不正常的。到了新世紀，我們有些研究專家仍然堅持固有觀點，以想當然代替查證史料，認為年代久遠許多史實已沒法調查取證，為須藤辯解，對魯迅對歷史採取不負責任的態度。直到《魯迅世界》推出了周正章的論文，在鐵的事實面前，某些先生才不得不表示「認同」。

廣州鄭心伶教授語重心長地說：魯迅先生是民族魂、民族偉人，一下子就消失了。對死因要研究，巨人之死，是世界性問題，中華民族一定要研究個水落石出，否則是中國的遺憾，是中華民族的悲哀。

在會上還有甘競存、劉福勤、莊嚴、洪橋、紀維周、韓斌生等人先後發言。專家們認為，研究魯迅先生死於誤診是有意義的，通過總結歷史經驗教訓，可以呼籲以人為本的人文精神。如果民族魂的消失不能研究得水落石出，那就是我們民族的悲哀。

包忠文教授最後作了總結發言。他深情地說：這次研討會既肯定了已取得的研究成果，又進一步動員大家向新的研究高度攀登，開得很好。周正章、紀維周同志的文章均有很大突破。同志們提出的線索和疑點，需要大家進一步調查、取證，以便揭開更深層次的思考。我們要堅持用魯迅精神來研究魯迅，敢於擔當，不怕風險；敢於超越，與時俱進。

最後，由鄭心伶同志代表廣東魯迅研究學會倡議，廣東、江蘇魯研會建立「兄弟友好學會」。雙方會長鄭心伶、包忠文在會上緊緊擁抱、握手，全場與會者熱烈鼓掌祝賀通過。

紀維周整理

關於魯迅致許羨蘇書信失蹤之謎

向東同志在《魯迅世界》（2005 年第 3 期）上，發表一篇〈一種誘惑讀者好奇心的猜測——關於許羨蘇把魯迅信件交給朱安問題〉，拜讀之後，深受啟發。我對該文中的評論，認為基本是正確的。但其中有個別史實，與我掌握的材料有些出入。特提出來與向東同志商榷：

▲許羨蘇

一、向東同志在文中說：「許羨蘇的女兒余錦廉」，但王錫榮所著《魯迅生平疑案》在該書 137 頁上卻是：「許羨蘇的兒子余錦廉」，究竟是女兒，或是兒子？我也搞不清楚，特提出來，供您參考；

二、文中說：「許羨蘇想起紹興同學俞芬（也是周建人學生）。住處磚塔胡同 21 號有空房，就作了介紹。」其中「21 號」，應為「61 號」之誤；

三、文中說：「據魯迅自己統計，魯迅致許羨蘇的書信多達一百一十封，比到許廣平信多三十封，而許羨蘇致魯迅信也多達九十六封」。

魯迅自己統計過嗎？他為什麼原因要統計？都未交待。因此，我對此說法，深感懷疑。

我認為魯迅是不可能作以上統計的。而作過統計的，卻是魯迅專家馬蹄疾同志。他在《魯迅生活中的女性》一書中說：「一般人

都以為魯迅致異性的通信來往，數許廣平最多，這有厚厚的《兩地書》可以作證。實際上數量最多的不是許廣平而是許羨蘇。魯迅與許廣平自 1925 年開始通信起，至婚後最後一封信的 1932 年止，八年中，總共是一百六十四封，現收入《魯迅景宋通信集》中，其中魯迅致許廣平七十八封，許廣平致魯迅八十六封，加上期間丟失十餘封，總共也不超過一百八十來封，回信許羨蘇寫給魯迅，而魯迅僅從 1924 年開始與許羨蘇通信，至 1932 年許羨蘇三十二歲出嫁時止的九年中，魯迅寫給許羨蘇的信就有一百零八封，許羨蘇寫給魯迅的回信也有八十七封，總共是一百九十五封，如果加上《魯迅日記》失記的，他們通信的總數當在兩百封以上。」（見《魯迅生活中的女性》第 116 頁）。

從向東同志所謂「魯迅自己統計」與馬蹄疾同志的統計數字不符，因此，我感到懷疑。關於魯迅致許羨蘇的書信，我一直在關注著，不知魯迅這個統計的史實是否有誤？故提出來與向東先生商榷。

魯迅致許羨蘇這麼多的書信，竟沒有一封披露。這些信件究竟到哪裡去了呢？據許羨蘇自己回憶說，她在 1931 年離開魯迅家時，把魯迅的來信全部捆成一捆，交給了朱安。後來這些書信卻下落不明。

關於許羨蘇將魯迅來信交給朱安一事，沒有人證明此事是否真實，至於朱安如何處理的？更是一個謎。

馬蹄疾同志為什麼要做以上統計呢？他有明確的目的，他認為魯迅與許羨蘇的交往，有「超友誼」的感情。可能在書信中，會有些「隱情」。他的依據，卻是中外人士的誤傳。例如，1993 年，日本學者中村龍夫發表了〈封建婚姻的犧牲者——朱安〉一文，其中說：

「在女學生中最為頻繁來訪的是許羨蘇。羨蘇是俞芬的同學。到西三條來的時候，買點東西開始，把朱安泡好茶送到魯迅房間裏，有時也幫做些瑣碎的家務。

有時候晚上很晚還在魯迅房間裏，在這樣的時候，魯迅就常叫來拉車的車夫送她到校舍裏去……在師生之間，好像有了秘密關係，朱安用女人的感覺也是可以察覺的。

有時候，魯迅帶著羨蘇回來的情況也有。

『師母！我把這買來啦！』她說後把一包東西交給了朱安。這是朱安從來沒有看到的洋點心，有時朱安把沏好的茶送到丈夫房間裏去時，兩人就急忙把話停下來了。羨蘇斜著眼看窗外，朱安在這個女學生身上有看到女人的感覺。」

這種活龍活現的描寫，激起余錦廉的反感，認為它簡直是瓊瑤筆下的小說了。

但馬蹄疾同志對中村龍夫這種沒有根據的說法，卻給予肯定。他說：「除了所說『在魯迅的日記裏，每行開頭有 H 字的是許羨蘇』係作者誤解外，別人的一些情況，當不會出於這位日本學者的杜撰，很可能是得自對魯迅同時代人的訪問，如果是這樣，對我們進一步瞭解魯迅與許羨蘇的關係，當有突破性的進展」（見《魯迅生活中的女性》第 120 頁）。

關於魯迅致許羨蘇書信的內容和原因，在許羨蘇所寫〈回憶魯迅先生〉一文中，已說得很清楚，我認為所述是真實可信的。

但也存在一個疑問，那就是許羨蘇離開魯迅的家之前，她把魯迅的來信，捆成一包交給了朱安。這件事沒有旁證，它如何下落不明，更無法知道了。孔慧怡先生認為朱安把信毀了，顯然是毫無根據的猜測。

　　馬蹄疾同志雖然在文章中，有欠妥之處，但他從事資料工作多年，作出不少成績，他治學態度也是很嚴謹的。比如，南京有一位小學教員，據說與魯迅有點關係，他就託我代為聯繫，如果該人還在的話，他有事與他聯繫。後來我瞭解該人已離開南京了，便寫信如實告知。

　　另外，魯迅博物館負責人，曾邀請我去魯博參加編輯《魯迅大辭典》，當時，馬蹄疾同志已先我到達，我們相處約有兩個月。在閒談中，他說魯迅與許羨蘇通信及其如何處理等事，還不很清楚，需要向其討教。於是，他寫了一封信給許羨蘇，不料，她沒有回信。因為寫的是平信，恐未收到。於是，他又重寫一信，這次卻是掛號信。結果石沉大海，仍未回信。

　　這是馬蹄疾親口告訴我的，當時，我對許羨蘇就有些看法。馬蹄疾同志把她作為前輩，有些疑問向她請教，問題並不難回答，只要「實話實說」就行了，遺憾的是，她卻置之不理。她為什麼這樣冷漠呢？使我困惑不解。

　　但馬蹄疾同志還不死心，又給許欽文寫信，信倒有回音，據馬蹄疾同志說，覆信很簡單，大意是：「妹妹的事，我也不清楚」。

　　魯迅致許羨蘇親筆信，我深信它不是情書，但這兩百多封信，卻是非常寶貴的，我對這批珍貴資料失蹤，深為可惜。尤其是它無緣無故被蒸發了。

　　另外我還有一個疑問，那就是魯迅逝世之後，許廣平先生曾經在報刊上，刊登徵求魯迅給親友的書信。當時朱安還在世（朱安於1947年6月29日在北京去世）。許羨蘇這時應該知道這件事，按理說，她有責任寫信給許廣平，她將魯迅的信件，包了一捆交給朱安了，但她卻沒有提供這個線索。

　　根據史料記載，許羨蘇於 1931 年離開魯迅家，往河北第五女師任教去了。料理魯迅母親的任務，由俞芳先生代理。朱安不識字，有沒有將許羨蘇交給她一包魯迅書信的事，告訴俞芳？她目前還健在，於是，我就想寫封信，向她討教，問問她許羨蘇有沒有交給朱安一捆魯迅書信的事。

　　提到俞芳先生，我曾經與她見過面。記得那是 1982 年秋，中國魯迅研究學會在杭州舉辦學術討論會時，我榮幸見到她，她個子不高，待人和藹可親，雖是初次相見，她卻贈送我一本新出版的《我記憶中的魯迅先生》（浙江人民出版社 1981 年版）。她說書中有些印錯的字都已改正了，她很謙虛地說，要我看後給予指正。這已是二十餘年的往事了，她給我留下深刻難忘的美好印象。

　　自從 1982 年分別之後，我們沒有再聯繫，但我一直在關心她的健康，很早就想寫封信向她問好，只是不知道她的地址。後來我給紹興魯迅紀念館裘士雄同志寫封信打聽她的住址。裘士雄同志為人熱情篤厚，很快寫信告訴了我。

　　於是在 2005 年 2 月間，我給俞芳先生去了一封信，除了向她問好之外，就將許羨蘇將魯迅書信交給朱安一事，詢問她可曾知道此事。她很快給我覆信。因為知情人僅有俞芳先生一人了，極為寶貴，現將覆信披露如下，以供關心此事的讀者參考：

　　維周先生：

　　　二月二十一日來信收到，遲覆至歉。

　　　魯迅先生 1926 年離京南下後，家中諸事全託許羨蘇照料，其間魯迅來信的收信人全寫許羨蘇是很正常的。1931 年

　　許赴河北女師任教，離京前將魯迅先生來信全部交給朱安，此事許在 1976 年前後來杭與我同住時，也曾向我談及，因為魯迅信中寫的全是魯迅的家事，而非許羨蘇的私事，所以應該交給朱安。

　　許羨蘇與許廣平是大學同學，魯迅逝世後，許廣平多次約她共同回憶魯迅故居的陳設及往事，許廣平十分信任許羨蘇。她們通信不多，主要原因是許羨蘇學理科，筆頭不勤，而許廣平工作繁忙，無暇執筆，沒有其他原因。

　　我近來身體粗好，請釋念。順祝春安！

俞芳
2005 年 3 月 23 日

俞芳先生的覆信，我覺得她實話實說，真實可信的，對魯迅研究也具有參考價值。但需要說明的是，這件事不是朱安告訴她的，而是許羨蘇對她說的，還不應說是旁證。至於信件如何失蹤的，還是一件「無頭案」。看樣子，魯迅致許羨蘇的書信的失蹤，恐怕將成為不為人所知，永遠是件懸案了。

卷二

魯迅軼事誤傳與偽造

魯迅事蹟的考證重要「證據」

　　我從事魯迅資料多年，我體會到，如毫無「證據」，僅憑「主觀臆測」，往往是靠不住的。

　　朱正同志是魯迅史料專家，他善於考證。他說：「考證，就是以科學的態度，科學的方法，求得事物的真象。它屬於歷史研究的基本功。遇到一個有待考證的題目，應該怎樣著手進行，才能得出正確的結論呢？最基本的一條原則，就是憑證據說話，有幾分證據說幾分話。證據包括原始的文獻，後人的證詞，其他的旁證等等。各種證據的權威性並不相同。考證的工作就是要搜集儘量多的有關證據，包括正面的證據和反證，推導出與事實真象相符的結論，同時也有力地否定了反證。」（見朱正〈考證例話〉，載《魯迅研究月刊》2008 年第 7 期）。

　　胡適也善於考證，他曾有一句名言：「請拿出證據來！」由此可見，「證據」是多麼重要了。所謂「證據」，我體會主要是「當事人的證詞」、「知情人披露事實的真象」，以及「文獻資料的旁證」等等。

　　另外，魯迅先生也說過：「正面的材料要看，反面的材料也要看，有比較才不會上當受騙」。

　　以上所說，對於魯迅事蹟的考證，研究者將會獲得有益的啟發和指導。

　　遺憾的是，我發現有不少知名的魯迅研究者，卻不重視「證據」，任意「主觀臆測」，嚴重到了「信口開河」的地步。給讀者帶來不良影響。

　　為了普及這方面的知識，現舉實例如下：

　　一、《救亡情報》有位記者，於 1936 年 10 月間，寫了一篇〈魯迅訪問記〉，沒有幾天魯迅便因病去世了。後來為了紀念魯迅逝世，便將此文發表在《中流》第 7 卷第 7 期上（1936 年 12 月 5 日）。

　　1936 年 6 月，文化勵進社由登太編的《魯迅訪問記》出版。該書共收 29 篇文章，其中收有署名「芬君」一篇〈魯迅訪問記〉，它是研究魯迅重要材料，文後注有「本文抄就後，經魯迅先生親自校閱後付印」。本書就以此篇作為書名。

　　有一位魯迅專家，他覺得〈魯迅訪問記〉是極為重要的材料，但「芬君」是誰？卻不知道。他花了很大力氣，寫了一篇〈對《救亡情報》記者談話考釋〉，發表在《新文學史料》1980 年 1 號 243 頁上。

　　作者在文中考證「芬君」，前後共有五人。後來排除了三人，剩下兩人，還不能確定。他費了九牛二虎之力，寫了萬餘字考證文章，結果一場空，考證的五個人，竟沒有一個是對的。

　　怎麼知道不對呢？因為《救亡情報》有一位女記者，名叫陸詒。她發表一篇〈《救亡情報》寫〈魯迅訪問記〉的經過〉，發表於《新文學史料》1980 年第 3 號上。陸詒在文中聲稱「芬君」是她的筆名。

　　由此可見，當事人的證詞是多麼重要了。真可以說：「解鈴還須繫鈴人」了。

　　二、周海嬰先生在《魯迅與我七十年》中，披露羅稷南與毛澤東在座談會上有一次對話。羅稷南向毛主席提出：「今天魯迅還活

著，他可能會怎樣？」毛澤東沉思了片刻，回答說：「以我的估計，（魯迅）要麼是關在牢房裏還是要寫，要麼他識大體不做聲。」羅稷南頓時驚出一身冷汗，不敢再做聲。

周海嬰披露此事後，立刻引起學術界的震動。因此有不少專家、學者對此說法，發表不少質疑文章。其中，毛澤東研究專家陳晉在《百年潮》上發表質疑文章，他認為「從毛澤東作為政治領袖的身份、毛澤東對魯迅精神的一貫推崇和毛澤東談論這個話題的背景和目的來說，毛澤東也不可能萌生出魯迅關進牢裏或識大體不做聲的設想」。

另外，還有一位魯迅專家，在《魯迅世界》2002 年第 4 期發表文章，文中發表自己的看法，他認為「如果說其無，似乎缺少直接的反駁材料；如果信其有，則這句話僅僅出自羅老先生一位學生的轉述，既無當時的座談紀錄，又無羅老先生簽字認可的回憶文章，嚴格的說是連孤證也談不上……但作為一個成熟的政治家，很難設想毛澤東會在公開場合說出自毀形象的話，讓別人嚇出一身冷汗」。

以上質疑者，都沒有參加當時座談會，僅憑個人主觀判斷，因此，還不能使人信服。

報刊上爭論不休，直到 2002 年 12 月 5 日，《南方週末》以整版的篇幅發表了三篇文章，其中最主要的，是黃宗英所寫的〈我親聆毛澤東與羅稷南的對話〉，同時，該報還配發了毛澤東與羅稷南、黃宗英等上海人士座談會的照片。

黃宗英是參加座談會至今還健在者，她是當事人，也是知情人，她發表的證詞，具有權威性。證明了毛澤東確實說過那番話。這時可以說，爭論已畫上了圓滿的句號。

　　三、有一位魯迅專家，他不瞭解情況，撰文說：「許廣平在魯迅全集後記裏自己並沒有把自己列入末校」。周海嬰同志認為這種說法是錯誤的。他說：「母親在《魯迅全集》編校後記的文字是『最後一次校樣，則由王任叔、蒯斯曛兩先生擔任。』實際上，母親向我不止一次說過：『有些青年不很懂魯迅文字，硬把自以為是的字糾正了魯迅用字，到了印刷之前我要再一個個地改回來！』母親這樣說過不止一次，我也是親眼目睹。這裏再拿出一個證明，胡仲持先生在《魯迅全集出世的回憶》中作了明確敘述，他說：『全集的錯字，誰都覺得比任何別的書籍都少，這也並不是出於偶然。唐弢、蒯斯曛兩先生志願擔任義務校對，在排版期間，天天到許廣平寓所的亭子間看校樣，最後的校樣則是許廣平、王任叔兩先生負責校看的責任。』」（《文藝叢刊》第 2 輯，中華全國文藝協會香港分會編。1946 年 12 月香港出版。）

　　從以上文字看來，海嬰先生親自目睹，可謂是當事人，他又多次聽母親說過，也可以說是知情人。另外，還例舉別人的文章，作為旁證。由此看來，論證確鑿，使人信服。可作為駁斥文章的典範。

　　四、魯迅的散文詩《野草》比較難懂，其中運用許多象徵文字，很難知道作者的原意。有一位魯迅專家認為《秋夜》中的「小飛蟲」是象徵 3‧18 的烈士。顯然這種說法是錯誤的。因為《秋夜》最初發表於 1924 年 12 月北京《語絲》週刊第 3 期上。而 3‧18 慘案卻是 1926 年 3 月 18 日發生的。魯迅寫作時，決不可能知道兩年以後的事。這是主觀臆測的典型事例。

　　五、周正章同志是我多年的老朋友。他不僅是魯迅研究專家，而且還是一位資深的醫師。他花了好幾年時間，研究魯迅死因。終

於撰寫了三萬餘字的論文，題目是〈魯迅先生死於須藤誤診真相〉，刊於《魯迅世界》2002 年第 1 期。

周正章在文中還披露須藤「偽造魯迅病歷」。須藤記載，1936 年 3 月 28 日為魯迅抽去肋膜積水三百公分，而這天魯迅的日記記載：曇。上午得增田君信，午後復。寄吳朗西信。下午得唐弢信。得孟十還信。蕭軍及悄吟來。得《漱石全集》（十三）一本，一元七角。晚蘊如攜蘂官來。三弟來。夜小峰夫人來並交小峰信及版稅泉二百，付印證四千。邀蕭軍、悄吟、蘊如、蘂官、三弟及廣平攜海嬰往麗都影戲院觀《絕島沉珠記》下集。」

周正章指出：1936 年 3 月 19 日、25 日、28 日、29 日這四天魯迅無病無災，尤其 3 月 28 日這一天「日程排得滿滿的」，「哪有時間抽取三百公分胸液呢？」

但有一位魯迅專家，他不懂醫學，卻反對周正章這種考證。他說：「我倒覺得，就以魯迅這樣的記載，似乎還不能完全排除做胸液穿刺的可能性。這天日記雖然內容很多，但仔細看看，整個上午他其實一步也沒有出家門，也沒有做什麼事，下午也都是別人來，「得」的書也顯然是內山書店送來的。到夜裏才出門看電影。據周海嬰記載看，做這穿刺很簡單，也沒有多大痛苦，做完就可以走人，所以在魯迅家裏做的可能性也不能排除。至於說魯迅日記沒有記載，則魯迅漏記當然也是完全可能的。再說，到次日已停止用藥，確實也基本無礙，故日記不記也屬正常。」

周正章同志對以上所說反駁說：王文不理會拙作中這一天「日程排得滿滿的」，「哪有時間抽取三百公分胸液呢？」這一句話就給須藤在這天找時間了，這真滑稽得很。這豈不是在拿須藤開國際玩笑嗎？他到 5 月 23 日「連什麼病也還未斷定」，怎麼可能在 3 月 28

日就拿起針來向魯迅胸壁刺去？王文稱「在魯迅家裏做的可能性不能排除。至於魯迅日記沒有記載，則魯迅漏記當然也是完全可能的」，確屬無稽之談。因為時至今日，醫療服務雖日臻進步，從沒有上門抽取胸液的。這除了需要時間，還要條件，需要絕對無菌的空間，魯迅家裏安裝了紫外線燈了嗎？一套醫療器械怎樣在搬運中保證絕對無菌的消毒狀態？王先生似乎缺少醫學知識，也缺衛生常識，更不知無菌概念為何物，突發奇思異想，提出須藤上門給魯迅抽取 300 公分胸夜的可能性，這實在太離譜了！況且，魯迅活動如常，這天能上電影院為什麼不能往須藤的診所呢？在胸壁上留下的「小窟窿」不是小針眼，要力避公眾場合，嚴防感染。麻醉藥止痛效果消失後，疼痛則會陣陣加劇，患者一定要減少活動。而魯迅這天晚上邀請了包括海嬰在內的七人去看電影，恰恰反證這一天決無穿刺抽取胸液的一絲一毫可能。這麼一個在家裏搞的「大動作」，王文輕言「魯迅（日記）漏記當然也是可能的」，這真叫人啼笑皆非。用這種信口開河的方法，去研究「疑案」那豈不是越搞越糊塗嗎？

　　以上所說，一個不懂醫學知識，只憑主觀臆測所犯的錯誤，我們應從中吸取教訓。

　　六、魯迅對情愛非常嚴肅，他一生只愛過一個人，那就是眾所周知的許廣平。

　　但使人驚奇的，有一位魯迅專家，竟發表文章，披露了魯迅與琴姑的「初戀」。作者沒有任何史實根據，從頭到尾，都是推測。當事人魯迅從未說過此事，兩個弟弟也未提及，由於「證據」不足，很難使人置信。

　　相反，倒有人對魯迅與琴姑初戀，表示懷疑。例如，吳作橋先生撰文〈關於琴姑的「神話」〉，其中說：「魯迅母親向琴姑提婚，

魯迅是不知道的。又說：『她（指魯琴姑——筆者）在十二三歲時，曾跟父親在魯迅家住過幾天。他們年齡相仿，都愛讀書，又常在一起玩耍……魯琴姑曾去過三姑家——魯瑞家；魯迅小時候為避難也曾去過小舅父家。魯迅與琴姑自然是認識的。但我想也只是認識而已，他們之間並沒有到『青梅竹馬，兩小無猜』的程度。其中一個重要的反證是，如果達到這種程度，魯迅在他三百餘萬字的文章中，三百餘萬言的書信中，為何連琴姑其人、其事隻字未提呢？」（詳見吳作橋著《魯迅隨談》，吉林大學出版社 2007 年 11 月出版）。

魯迅與琴姑初戀，實屬主觀推測之外，還有偽造的故事：

> 1898 年，魯迅去南京讀書，琴姑一直把魯迅送入火車車廂。分別時，魯琴姑拿出一支鋼筆送給魯迅做紀念，魯迅高興的眉飛色舞，連聲說：「琴表妹，你真好！」

> 由於此時魯迅正準備上南京讀書，忙著收拾行裝，直到他上火車，魯迅母親：「讓琴姑去送」，琴姑怕羞，只好拉上 9 歲小妹妹一起去送。

吳作橋考證後說：「這兩段話『神』的地方較多。先說琴姑 1898 年送魯迅『送入火車車廂』一事。要知道，1898 年間，無論南京、上海、杭州、紹興都沒有火車。……在 1898 年魯迅上南京求學時，滬、寧、杭、越根本沒有一根鐵軌，琴姑怎能上火車車廂與魯迅話別呢？再就是琴姑所送魯迅之物竟為鋼筆。誰都知道，清末時人們常用的是毛筆，而不是鋼筆；而魯迅一生差不多全用毛筆寫字。琴姑怎麼能送一支鋼筆給魯迅呢？當時的紹興其實是很落後的。只要雙方開始提親，男女雙方便不得見面。可是琴姑不但與魯迅見面，還大大方方地上火車站送魯迅，琴姑這樣做在現在倒是司空見慣，無可厚非，可是退回到九

十五年前，那時怎麼可能會發生這樣的事呢？這樣的事如果不會發生，那麼魯迅當然不會說出那句「琴表妹，你真好」的話了。這句話很有點鴛鴦蝴蝶派小說的味道。讓魯迅說出這樣的話，會令人想到這是『小說家言』，不足為信。」

　　從以上實例看來，證明「主觀臆測」往往是靠不住的。而偽造的故事，更屬荒唐。因此，我希望魯迅專家，考證要重「證據」，避免「主觀臆測」，更不能偽造，以免誤導讀者。

關於魯迅兩則軼事的誤傳與偽造

我從上世紀五十年代起，就從事普及魯迅知識工作。在多年寫作過程中，積累了不少經驗。同時也發現不少有關魯迅軼事的誤傳，甚至是偽造，給學界帶來不良影響。為了提供這方面的知識，現擇要兩則介紹如下：

一、反對某書局「不支付標點和空格稿費」係移花接木

在《魯海拾零》（1991 年 12 月，陝西旅遊出版社出版），該書第 46 頁，有一篇〈標點和空格〉中說：

> 魯迅先生應約為某某書局翻譯一本書。這家書局的老闆財謎心竅，對作家一向苛刻：他計算稿酬的字數，完全以實際字數為準，甚至連標點和應占的空格，也都要千方百計地扣除掉。先生探得了這一「絕妙」之後，乾脆把脫手的譯稿從頭到尾地連接起來，不讓稿子上有一個空格，既不分章節，也不加標點符號。

> 稿子送去以後不幾天，書局就把稿子退回來了，說是「請先生分一分章節和段落，加一加新式標點符號」。這時先生才告知對方：

「既要作者分段落、加標點符號，可見標點和空格還是
必需的，那──就得算字數了！」

這老闆無可奈何，只好按魯迅先生的意見辦了。

關於魯迅這篇軼事，在魯迅生平事蹟上，是沒有的，而且也不是別人
回憶的，我疑心它是偽造的。後來我購到溫梓川所著《文人的另一面》
（2004 年 6 月，廣西師範大學出版社出版），該書有一篇〈大膽詩人汪
靜之〉，其中有一段軼事：

「此外他還告訴我們關於〈北老兒〉發表的經過。他說王雲五
從歐洲視察歸來之後，便採用了所謂『科學管理』經營商務印書館。
起初以作家的作品按字計酬，空格、空行、標點符號概不計算在內。
因此他便故意將〈北老兒〉一作，另抄一份，不加標點符號，不空
行，不分段，送給商務印書當局。那執事一看，只見滿紙密密麻麻
的黑字，便問他為什麼沒有標點符號，沒有段落，沒有空格、空行？
他說：『標點符號、段落、空格、空行既然不算錢，又何必多此一
舉！』說得對方啼笑皆非。結果他才把〈北老兒〉送到《大江月刊》
去發表。」（見該書第 53 頁）（該文原載 1968 年 4、5 月馬來西亞
《畫風》上）

汪靜之 1928 年在暨南大學任教，教的是國文，當時，溫梓川
在該校讀書，是他的學生，兩人雖是師生，但關係密切，無話不談。

關於溫梓川回憶汪靜之的軼事，非常具體，真實可靠。拿它與
魯迅軼事相比較，顯然有偽造者採用「移花接木」的手法，偽造魯
迅軼事之嫌疑。

二、〈魯迅理髮〉故事純屬杜撰

在上世紀 80 年代初期，報刊上曾出現一則趣聞〈魯迅理髮〉。最早刊在《益友》上，後來，《文學報》、《春城晚報》、香港《明報》、南京《揚子晚報》等又相繼刊載，並且被收入《新文壇散葉》（黑龍江人民出版社出版）、《名人趣聞錄》（華中工學院出版社出版）、《名人秘事》（時代文藝出版社出版）等書，可謂流傳極廣。

筆者搜集魯迅有關軼事和趣聞，長達五十餘年，卻從未看到過關於這段趣聞的正式記載，所以我很懷疑它可能是有人加工後訛傳的。魯迅說過：「比較是醫治受騙的好方子。」為了進行對比，現將《魯迅理髮》故事抄錄如下：

> 1926 年的一天，廈門市一家門面堂皇的理髮廳前來了一位模樣寒酸的人，他長髮垂耳，穿著一件褪色的長袍，連腳上的布鞋也是舊的，此人就是魯迅先生，他當時在廈門大學任教，因忙於工作，好久沒理髮了。
>
> 店裏的一位理髮師有些看不起他，態度冷冰冰地招呼他坐下，然後馬馬虎虎地理起髮來，三下兩下就理完了。魯迅不動聲色，隨手從口袋裏抓了一大把銅元，數也不數就塞在理髮師的手裏，然後離店而去。理髮師點了一下數目，喲，比定價整整多了三倍多！他不由得喜上眉梢。
>
> 過了一段時間，魯迅又來到這家理髮廳，那個理髮師一見他立即迎上去殷勤地打招呼。魯迅雖然仍是上回的那身打扮，可這次卻受到了特別熱情的招待。理髮師不僅奉茶獻煙，

而且精理細剪，前後足足花了一個多鐘頭。然而在付款時，魯迅卻不像上次那樣隨便抓一大把錢給他，而是認真地照價付款，一分不多，一分不少。理髮師納悶，便厚著臉皮問個究竟。魯迅平靜地說：「這不簡單得很嘛！上回你給我亂剪，我給錢也就亂給；這回你給我認真地剪，我當然也要認真地給錢。你認真，我也認真，你馬虎，我也馬虎。」

筆者經查閱各種資料書，發現清代獨逸窩退士編的《笑笑錄》（嶽麓書社出版）一書中，有一篇文言體的剃頭故事：

> 有人剃頭於鋪，其人剃頭極草率，既畢，特倍與之錢而行。異日復往，其人竭力為之剃髮，加倍功夫，事事周到。既已，乃少給其資。其人不服，曰：「前次剃頭草率，尚蒙厚賜；此番格外用心，何可如此？」此人謂曰：「今之資前已給過，今之資所給，乃前次之資也。」一笑而行。此事殊可笑，故附記於是。

《笑笑錄》是獨逸窩退士費時三十年廣搜博採、幾經刪改而成的一部笑話集。這則剃頭故事實為遊戲筆墨，看來有人無中生有地把它加在了魯迅身上。〈魯迅理髮〉中有時間有地點，似乎確有其事，然而我們從另一角度來看，它是欠合理性的。理髮草率，反而多給錢；理得很認真，卻不多給錢，這豈不有悖於魯迅為人處事之情理嗎？所以，我覺得應當加以澄清，以免繼續訛傳。

魯迅為母壽辰捐刻《百喻經》屬誤傳

　　金陵刻經處是我國著名的佛教文化機構，它創建於清同治五年（1866 年），清朝末年即在國內外享有盛譽。它是全國最早成立的刻經處，也是近代第一家由私人創辦的融經書、印刷、流通及佛學研究於一體的佛經出版機構。

　　《百喻經》是佛教宣揚大乘佛法的經書，天竺僧伽斯那撰，南齊永明十年（492 年）天竺法師求那毗地譯。全書分上下兩卷，列舉譬喻故事九十八條，因條數近百，概稱「百喻」。

　　魯迅先生對《百喻經》極為讚賞，他於 1914 年 7 月，捐銀六十元，委託金陵刻經處刻印《百喻經》。

　　魯迅為什麼要刻《百喻經》？傳說是為了紀念他母親六十歲壽辰。幾十年來，一直沿用這個說法。例如，2007 年 9 月，由中國畫報社出版的《追尋魯迅在南京》，在《魯迅與金陵刻經處》一文中說：「1914 年 7 月，作為孝子魯迅，為紀念母親六十壽辰，捐六十銀元給金陵刻經處刻印《百喻經》。」

　　另外，劉運峰編著的《魯迅書衣百影》（人民文學出版社 2007 年 7 月出版）中說：「1914 年 9 月，魯迅為紀念母親六十壽辰，特意捐資六十塊銀元委託金陵刻經處刻印《百喻經》，線裝一冊。」

　　其實，魯迅為母親壽辰刻印《百喻經》一事，實屬誤傳。例如，葉淑穗、楊燕麗合著的《從魯迅遺物認識魯迅》（1999 年 5 月，中國人民大學出版社出版），該書作者考證說：「關於魯迅刻經的原

因，有回憶說，魯迅是為了紀念母親六十歲壽辰而刻。經查，魯迅的母親魯瑞生於 1858 年，六十歲生日是 1917 年 1 月 3 日，魯迅刻經是 1914 年，刻成是 1915 年 1 月，時間不符；另外魯迅及其兄弟的日記與文章，均不見有此說。據此看來，魯迅為母親六十壽辰而刻的說法似有不妥。據錢稻孫、常惠等人回憶，魯迅認為《百喻經》與《伊索寓言》相近，譯筆較好，可作外國文學作品翻譯的借鑒。從《百喻經》的內容來看，後一種說法是可信的。」

楊燕麗同志在書中還介紹說：「魯迅發現《百喻經》並產生興趣也並非偶然。1914 年是魯迅集中研讀佛經的高潮期，據專家統計，僅在這一年中他購入的佛經就達八十餘部。《百喻經》顯然是他在廣泛涉獵中發現的。廣博的佛學知識，卓越的文學眼光，是他擇取《百喻經》的前提。這有魯迅的論述可證：

> 嘗聞天竺寓言之富，如大林深泉，他國藝文，往往蒙其影響。即翻為華言之佛經中，亦隨在可見，明徐元太輯《喻林》，頗加搜錄，然卷帙繁重，不易得之。佛藏中經，以譬喻為名者，亦可五六種，惟《百喻經》最有條貫……

《百喻經》原名《癡華鬘》，1926 年王品青也因欣賞《百喻經》中的寓言加以校點，他刪除了說教，只留下寓言。魯迅對此全力支持，他在〈《癡華鬘》題記〉中，作出了扼要的介紹。

根據以上材料看來，證明魯迅刻印《百喻經》的目的，是為了它的文學價值，決不是為他母親六十歲壽辰刻印的。

魯迅對母親很孝順確實是事實。但他對佛學研究，僅屬於學術。他是無神論者，決不會為了盡孝，竟刻佛經，祈求老天爺保佑母親健康長壽。

我曾經在《魯迅研究資料》（1982 年 10 月，天津人民出版社出版）第 10 期中，發表〈魯迅與《百喻經》〉一文。論述魯迅刻印《百喻經》的主要目的是他欣賞《百喻經》的文學價值。該文可供讀者參考。

我在南京圖書館工作，當時館長李仲融也認同《百喻經》的文學價值。1955 年南京圖書館為紀念魯迅誕生七十四周年，曾兩次委託金陵刻經處，用魯迅捐刻的原版和宣紙加印兩百部。該書印成後，由南京圖書館廣泛贈送魯迅博物館、紀念館及文化部門。當時，我在《光明日報》上撰文作了報導。這部加印的《百喻經》，得到學術界一致好評。

「文革」期間，上海魯迅紀念館為徵集魯迅文物，曾派人與金陵刻經處協商，請求把《百喻經》刻版轉入上海魯迅紀念館收藏。金陵刻經處為了供應讀者需要，只同意移交尾版而留存正文版。後來，金陵刻經處重刻《百喻經》尾版，以保完璧。

蕭軍與張春橋決鬥純屬誤傳和偽造！

　　我從上世紀五十年代起，就從事魯迅資料宣傳工作。在普及魯迅知識方面，寫了一些文章，並積累了不少經驗。我發現，在魯迅生平事蹟上，有些是誤傳的。例如，魯迅捐刻《百喻經》，是為了魯迅母親六十壽辰，它實屬誤傳。另外，還有不少魯迅軼事，如《魯迅理髮故事》，是從一篇古代笑話集移植過來的。以上文章，我在《世紀》上，都先後已披露了。

　　還有一些魯迅軼事，既有誤傳，又有偽造。例如，蕭軍與張春橋決鬥軼事。為了普及這方面的知識，現分別介紹如下。

一、誤傳方面

　　1936 年魯迅逝世後一個月，蕭軍把《中流》半月刊、《作家》月刊、《譯文》月刊發表的悼念文章帶到萬國公墓的魯迅墳前焚化。當時有一位名叫馬吉蜂的文人，將此事登在小報上，譏諷蕭軍謎信幼稚，是魯迅的「孝子賢孫」。這篇文章惹惱了蕭軍這條「關東漢子」，他便找到報社，並約馬吉蜂到位於上海法租界拉都路南端一片空曠菜地上打架，決一勝負。馬吉蜂的見證人是跟他合辦小報的同事張春橋；蕭軍的見證人是聶紺弩和蕭紅。

　　但《文學自由談》2004 年第 2 期上，刊有〈「張春橋挨打」之我見〉，作者劉金，他在文中提出兩個情況：

第一、粉碎「四人幫」後，他聽文壇老前輩李守章說，不是蕭軍約馬吉蜂比武，而是張春橋約蕭軍比武，原因是魯迅在〈三月的租界〉一文中，批判了他化名「狄克」的張春橋，張「隱忍之餘」，卻遷怒於蕭軍，遂釀成了此次武鬥。

第二、劉金始料不及的，李老先生提供的情況，卻是顛倒了主次關係，不足徵信。因為寫文章嘲諷蕭軍的是馬吉蜂，而張春橋只不過是馬的同事，所以蕭軍擇定打架對手自然是馬，而不可能是張。再說，張春橋寫文章對蕭軍的小說求全責備，用的是「狄克」的化名。當時蕭軍跟魯迅都沒有直接將「狄克」跟張春橋其人掛上鉤，以敵視之。魯迅去世之後，張春橋在魯迅治喪委員會的辦事處跑龍套，負責登記輓聯，統計花圈一類工作，而這個辦事處的負責人就是蕭軍，因此更不可能發生張春橋主動向蕭軍尋釁的事情。

剛剛粉碎「四人幫」，魯迅博物館陳漱渝同志在單位受中央專案組委託，負責調查「四人幫」的歷史罪行。他曾親赴北京什剎海邊的鴉兒胡同 6 號採訪蕭軍，留下了當時文字記錄。後來蕭軍又直接向中央專案組提供了書面材料。

當事人的說法，是否就都可靠？因為隨時光流逝，任何人的記憶都會逐漸模糊，所以記憶中的歷史跟客觀存在的歷史總會存在或多或少的差距。比如，蕭軍在回憶中，說他兩次把馬吉蜂按倒在地，在他頭上打了幾拳，使他沒有還手之力。據陳漱渝同志去北京東直門外左家莊新源里九樓採訪這場武鬥的見證人聶紺弩，說法跟蕭軍所言略有出入。聶紺弩說：「當時雙方打得不相上下。但後來蕭軍見人就說他打贏了，但我可以證明馬吉蜂當場並沒有認輸。」

以上材料，詳見《文學自由談》2004 年第 3 期。

二、偽造方面

1987 年 12 月 19 日，香港《文匯報》曾在「舊聞新編」欄目內，發表〈蕭軍怒打張春橋〉一文。其中寫到：魯迅逝世後，正在日本的蕭紅立刻趕回上海。當天就和蕭軍到魯迅先生墓前拜祭。他們在墓前焚燒了先生生前傾注大量心血編輯的幾本刊物和蕭紅在東京為先生買的畫冊，寄託哀思。這次祭掃，不知怎麼竟讓狄克得知，他便又在《大晚報》上攻擊二蕭是「魯門家將」、「魯迅的孝子賢孫」，「燒刊物是傳播謎信」等等。蕭軍原是粗人，他找到《大晚報》社址，衝進編輯室，對狄克和他的走卒馬吉蜂說：「我沒功夫和你們拌嘴，就是要揍你們。你們能打過我，以後悉聽尊便。如果打不過，你們再出這樣文章，我是見面就揍你們三通！」

某日，雙方按約而來。蕭軍一對二。狄克用拳護住臉，學著西方拳擊的樣子，兩腳上下擺動打來一拳，蕭軍輕輕一擋，順勢一個掃堂腿，狄克跌了個仰面朝天。高個子馬吉蜂忙護著狄克，把他抱到一邊大樹下去喘氣。回頭朝蕭軍一拳打來。這小子雖有點功夫，焉是蕭軍的對手，三拳兩腳，就趴下告饒啦！

「蕭先生！我服輸，以後再也不敢了！」

「那麼，文章呢？」蕭軍問。

「再寫那樣文章剁手指，本來也是他（指狄克）叫我寫的。」

這場文壇武鬥傳為美談，後人寫有打油詩一首，以為讚美：

蕭軍怒打張春橋，狄克三魂嚇出殼。

狗頭軍師結「四幫」，老蕭為此險遭刀。

以上這段軼事，可以說，從頭到尾，都是胡編亂造。也許有人會問：「你怎麼知道它是偽造？」因為我收藏一本《魯迅給蕭軍蕭

紅信簡注釋錄》（1981 年 6 月，黑龍江人民出版社出版）。該書由蕭軍注釋。其中 28 頁至 34 頁，蕭軍將與馬吉蜂決鬥的情況，作了詳細的披露。當事人提供的第一手資料，當然比其他任何人所提供的「傳言」可靠。

蕭軍的正面文章的發表，迄今將近三十年，從未有人引用，一直不為人所知。魯迅先生說，正面文章要看，反面文章也要看，有比較才不會上當受騙。遺憾的是，正面的文章卻無人注意，而誤傳和偽造的故事，卻暢通無阻。例如，房向東先生所著《魯迅與他的論敵》（2007 年 8 月，上海書店出版社出版）。該書第 467 頁上有一篇〈魯迅與張春橋〉，在文後附錄了香港《文匯報》這篇偽造的蕭軍與張春橋決鬥的故事。作者（房向東先生）在文前加了按語說：「有一段軼聞，似乎應該留下，為讀者增加一些閱讀的愉悅。」──顯然，作者並不知道它是偽造的。

《魯迅與他的論敵》是當前一本暢銷書，因此，我有必要向讀者說明以上情況，以免「以訛傳訛」，誤導讀者。

魯迅書信中涉及冰心一則佚事
——經考證實屬偽造和誤傳

  魯迅在雜文中，雖然評論過很多中國現代作家，但對冰心尚無有正面談論她。

  陳漱渝同志曾撰文說：偶閱《冰心回想錄》，發現有一處涉及魯迅。她說，在燕大讀書時，她常跟同學們演戲賣票籌款。有一次，魯迅陪俄國盲詩人愛羅先珂看演出，盲詩人誇她們演得比北大學生好。借演出之際，她曾邀請魯迅來校講演。「我和魯迅先生只談過一次話，還是很短的」——這似乎就是冰心對魯迅的全部回憶（見《剪影話滄桑》第 13 頁）。

  由此可見，魯迅與冰心交往很少。但在魯迅書信中，卻涉及冰心一則佚事，非常有趣。1929 年 5 月 26 日，魯迅在給許廣平的一封信中寫道：「（韋）叢蕪因告訴我，長虹寫給冰心情書，已閱三年，成一大捆。今年冰心結婚後，將該捆交給她的男人，他於旅行時，隨看隨拋入海中，數日而畢云。」

  魯迅引用這則傳說，並非為了冰心。而是為了嘲笑高長虹追求冰心的失敗。

  魯迅後來將與許廣平的通信，加以整理後，準備公開出版時，卻把這則佚聞刪除了。

　　為什麼要刪除呢？魯迅沒有說，但有人估計，這是別人的隱私，而經過又不一定很確切，為了避免麻煩，就被刪去了。我覺得推測有一定道理。

　　我從事魯迅資料普及工作多年，積累不少經驗。例如，有些作家佚事趣聞，必須看看材料的來源，如沒有當事人或可靠知情人的回憶，就要特別慎重，不可輕易相信；其次，再看看佚事本身，是否合乎情理。如無當事人的回憶，又無知情人的證言，而佚事又是很古怪，使人難以置信，我斷定它很可能是偽造的。例如，有一則〈魯迅理髮〉故事，沒有資料來源，也不是回憶錄，完全是憑空杜撰的。內容也不合情理，理髮草率，反而多給錢，理髮很認真，卻不多給錢，這是有悖於生活中情理的。後來我查閱資料，原來它是從《笑笑錄》中一則古代笑話移植過來的。

　　關於冰心這則佚事，我極為關注，因為資料沒有來源，也不是知情人的回憶，我認為它可能是偽造的。但證據不足，尚不能輕斷。

　　最近，收到上海魯迅紀念館李浩同志贈送一本《上海魯迅研究》（2009 年夏），其中有陳漱渝同志一篇〈「我呼愛人，愛人不應」——高長虹與三位女作家〉，其中提到冰心這則佚事說：「魯迅轉達的這番話雖然十分有趣，但其中疑點頗多。首先，冰心 1929 年 6 月25 日在燕京大學臨湖軒跟社會學家吳文藻結婚，魯迅 5 月 26 日寫此信時，冰心的婚禮還在籌備階段。其次，冰心婚後回上海和江陰省親，途經杭州，遊了一天西湖，還到莫干山住了幾天，又匆匆趕回北京，其間根本沒有漂洋過海，因此絕不可能有吳文藻將高長虹的一捆情書拋入海中的壯舉。第三，冰心與吳文藻於 1923 年 8 月 17日相識，婚前熱戀了將近六年。婚後的五十六年，他們風雨同舟，感情堅貞不渝。所以，冰心和高長虹之間完全不可能產生真正的緋聞」。

　　陳漱渝同志對冰心的佚事，分析有理有據，我認為是真實可信的。

　　根據以上材料，現在，我可以確切斷定，這則冰心的佚聞，純屬偽造。魯迅當時把它刪除，也是認真負責的。因此，《魯迅全集》收入《兩地書》原信時，應補注說明，避免以訛傳訛，誤導讀者。

「摸屁股詩人」鬧出的誤會

　　章衣萍，安徽績溪人，曾在北京大學聽過魯迅的課，以後是《語絲》的投稿者。1926 年以後，他到上海任暨南大學文學院教授，並兼任北新書局的撰稿人。

　　1929 年 6 月，他曾在北新書局出版《枕上隨筆》，裏面有：「懶人的春天哪！我連女人的屁股都懶得去摸了！」當時影響很壞，報刊上就稱他為「摸屁股詩人」。

　　1932 年 12 月，魯迅創作《教授雜詠》四首。其中第三首，是嘲諷章衣萍的。原詩如下：

　　　世界有文學，少女多豐臀。

　　　雞湯代豬肉，北新遂掩門。

詩中第二句「少女多豐臀」，是諷刺章衣萍所說：「懶人的春天哪！我連女人的屁股都懶得去摸了！」

　　魯迅第二句對章衣萍的指責，似乎與事實不符。因為「懶人的春天哪……」並非是章衣萍的創作，他在該書中，這句話是有引號的。但他並沒有注明是誰說的。

　　魯迅研究專家倪墨炎認為：「即使原是別人說的，從上下文看來，他是欣賞這句話的，同樣表達了他的無聊。」評論極為中肯。根據這種說法，魯迅嘲諷章衣萍，也是可以接受的，並無不妥之處。問題是，「懶人的春天哪……」究竟是誰說的呢？長期以來不為人所知。

　　我查閱《魯迅全集》（16卷版），其中注釋說：這首詩係影射章衣萍的，章衣萍曾在《枕上隨筆》中說：「懶人的春天哪！我連女人的屁股都懶得去摸了！」又據說他向北新書局預支了一大筆版稅，曾說過「錢多了可以不吃豬肉，大喝雞湯」的話。

　　這些注釋，並不完整，沒有將「懶人的春天哪……」原作者是誰注出來。

　　《魯迅全集》（18卷版）仍未注出，龔明德對新版《魯迅全集》（18卷版）注文評論說：「對章衣萍仍不公允，僅僅補加了一個單引號。」（見《藏書報》2007年3月26日〈訪龔明德〉）。

　　我收集魯迅資料多年，為了探尋這個懸案，一直對此極為關注。

　　最近購到一本溫梓川著的《文人的另一面》（廣西師範大學出版社，2004年1月版）。閱讀之後，卻意外發現「懶人的春天哪……」原作者是汪靜之。現介紹如下：

　　該書有一篇〈汪靜之與《蕙的風》〉，其中說：「記得是1929年間，章衣萍出版了一部《枕上隨筆》，裏面有：『懶人的春天哪！我連女人的屁股都懶得去摸了！』這樣的妙句，讀者都罵章衣萍缺德，罵他是『摸屁股詩人』，罵得他一佛出世，二佛升天，罵得他有冤無處申訴。原來正是汪靜之沒有收進詩集的作品，章衣萍看見了，覺得有趣，把它錄進《枕上隨筆》內，誰知竟招惹了這無妄之災！」

　　汪靜之曾在上海暨南大學任教，教的是國文，溫梓川是該校的學生。他與汪靜之雖是師生關係，但交往密切，親如朋友，兩人在一起：無話不談。因此，他的回憶錄，可以說真實可信。

　　另外，溫梓川在書中還有一篇〈《情書一束》和章衣萍〉，其中說：「他還有一句名句：『懶人的春天哪！我連女人的屁股都懶得摸了！』而致被人封為『摸屁股詩人』的名號。其實這個『封號』，

應該送他的安徽績溪同鄉汪靜之的。因為這句名句，原是汪詩人的創作，為衣萍錄入他的《枕上隨筆》內，外間人多不知底細，竟誤認為衣萍所撰的詩句，真是冤枉。」

溫梓川在文中，還談到他與章衣萍的交往，他說：「我和章衣萍認識是在 1927 年頭。那時他在暨南大學當鄭洪年校長的秘書，一星期兼了兩節選修的『國學概論』。我和他的交情，卻是介乎師友之間。起初我去旁聽他的課，後來卻成了無話不談的朋友。」因為他與章衣萍的關係密切，文中披露不少章衣萍的軼事趣聞，鮮為人知，並且真實可靠。

溫梓川（1911-1986）生於馬來西亞檳榔嶼，早年曾先後就讀於廣州中山大學和上海暨南大學，與文壇名流交往頗密，並以其詩歌、小說，散文小品等創作，在上世紀三十年代滬上文壇嶄露頭角。

由溫梓川之文合集的《文人的另一面》，由欽鴻整理編輯，書前有欽鴻的一篇序，其中說：「溫梓川所寫的這些文壇漫憶文章，就其本人而言，只是對自己生命旅程的回顧，是對父往過的文壇師友的緬懷，然而對於文壇來說，卻不啻提供了很可珍視的重要史料。」

有關「懶人的春天哪……」詩句的原作者問題，已歷經半個多世紀，一直不為人所知。現經溫梓川披露真相，可以說，已水落石出，畫上圓滿的句號了。

是誰首先製造魯迅「抄襲」的「流言」？

——不是張鳳舉而是顧頡剛！

在魯迅筆戰史上，陳西瀅要算是魯迅的第一個論敵。

陳西瀅，原名陳源，曾留學英國，1922 年回國，任北京大學英語系教授，是「現代評論派」的代表人物。他的出名，是因《現代評論》雜誌開設「閒話」欄目，他在上面經常發表「閒話」雜文，其中有一部分是錯誤的，特別是 1925 年發生的「女師大風潮」，在支持還是反對學生運動方面，魯迅與陳西瀅之間發生重大分歧，因而引出同魯迅的一場筆墨官司。

除了「女師大風潮」論戰之外，還有一件特殊事件，那就是關於「抄襲」問題的爭論。陳西瀅在《現代評論》第 2 卷第 50 期上，發表一篇「閒話」，題目是《剽竊與抄襲》，因為陳西瀅沒有點出魯迅的名字，魯迅當時也未給予回答和駁斥。

陳西瀅含沙射影攻擊魯迅之後，卻未見魯迅反應，於是不出十天，他就寫了〈致志摩〉一文，於 1926 年 1 月 30 日在《晨報副刊》上公開發表，其中指出魯迅的《中國小說史略》裏面的「小說」一部分，是「抄襲」日本人鹽谷溫的《支那文學概論講話》。

魯迅對陳西瀅涉及自己的人格和品德，不得不做出應答。於是寫了〈不是信〉，在 1926 年 2 月 8 日《語絲》上發表。文章中作了詳細的辯駁，使陳西瀅啞口無言。魯迅獲得了勝利。

　　陳西瀅是魯迅「抄襲」一說的傳播者，而到底是誰首先說「抄襲」的呢？陳西瀅生前始終未說。

　　直到 1936 年，由陳西瀅與顧頡剛的共同朋友胡適出面為陳西瀅作解釋。胡適在給蘇雪林後來又公開發表的一封信中道：「魯迅自有他的長處。如他的早年文學作品，如他的小說史研究，皆是上等工作。通伯先生（指陳源──筆者）當日誤信一個小人張鳳舉之言，說魯迅之小說史是抄襲鹽谷溫的，就使魯迅終身不忘此仇恨！現今鹽谷溫的文學史已由孫俍工譯出了，其書是未見我和魯迅之小說研究以前的作品，其考據部分淺陋可笑。說魯迅抄鹽谷溫，真是萬分的冤枉。鹽谷一案，我們應該為魯迅洗刷明白。」（《胡適書信集》中冊，第 710 頁，北京大學出版社 1996 年版）。

　　胡適披露首提抄襲的人是張鳳舉，在學術界影響很大。例如，魯迅史料考證專家朱正同志就深信胡適的說法。朱正曾寫了一篇〈小人張鳳舉〉，發表在《魯迅研究月刊》上（2002 年第 12 期 79 頁）。其中說：「在胡適這封信發表以前，一般讀者都不知道張鳳舉這人在這一論爭中起了這樣的作用。但胡適說的是可信的，大家知道，他同陳源關係甚深，這事想必是陳源直接告訴他的吧。想想看：因為女師大的學潮，這時魯迅和陳源之間已經開始了論戰，一面又到他的論敵那裏去造他的謠言，讓人家拿來攻擊他。這樣挑撥離間、兩面三刀，稱此人為小人，真是一點也不冤枉。

　　用謠言作武器，是最壞的武器，當人家擺出事實真相來，你就一敗塗地了，這一回陳源就吃了張鳳舉的虧，而對魯迅提出的那些論據，他無法回嘴。這時，他本來可以說明這是聽張鳳舉說的，多少可以讓張分擔一點責任，但他一個字也沒有涉及張。我可以斷言，一定是張央求他不要說出自己來。」

　　判斷是非，胡適有一句名言：「請拿出證據來！」朱正同志有一篇〈考證例話〉，其中說：「考證，就是以科學的態度，科學的方法，求得事物的真相。它屬於歷史研究的基本功。遇到一個有待考證的題目，應該怎樣著手進行，才能得出正確的結論呢？最基本的一條原則，就是憑證據說話，有幾分證據說幾分話。證據包括原始的文獻，後人的證詞，其他的旁證等等。各種證據的權威性並不相同。考證的工作就是要搜集儘量多的有關證據，包括正面的證據和反證，推導出與事實真相相符的結論，同時也有力地否定了反證。」（見《魯迅研究月刊》2008 年第 7 期）。魯迅先生也說過，正面材料要看，反面材料也要看，有比較才不會上當受騙。

　　我從事魯迅資料工作多年，經過廣泛搜集資料，我發現胡適所說張鳳舉首說魯迅「抄襲」，並不可靠。我覺得他有點主觀隨意性，因為他沒有具體說出張鳳舉的事實。

　　我認為首說魯迅「抄襲」的人，並非是張鳳舉，而是顧頡剛。披露材料者不是別人，而是顧頡剛的女兒顧潮。她寫了一部回憶錄《歷劫終教志不灰——我的父親顧頡剛》（華東師範大學出版社1997 年版）。

　　在書中，提到魯迅《中國小說史略》的所謂「抄襲」一事時，顧潮是這樣寫的：「魯迅作《中國小說史略》，以日本鹽谷溫《支那文學概論講話》為參考書，有的內容就是根據此書大意所作，然而並未加以注明。當時有人認為此種做法有抄襲之嫌，父親即持此觀點，並與陳源談及，1926 年初陳氏便在報刊上將此事公佈出去。隨後魯迅在〈不是信〉，說道：『鹽谷氏

▲1954 年 4 月 25 日
顧頡剛在上海

的書，的確是我的參考書之一，我的《小說史略》二十八篇的第二篇，是根據它的，還有論《紅樓夢》的幾點和一張『賈氏系圖』，也是根據它的，但不過是大意，次序和意見就很不同。」為這一件事，魯迅自然與父親亦結了怨。」

從顧潮所寫的回憶錄中，很明確告訴我們，顧頡剛對魯迅有「抄襲」的觀點，並親自對陳西瀅說了，陳西瀅便信以為真，即於 1926 年把此事在報刊上公佈了。

由此可見，魯迅「抄襲」的言說，並不是張鳳舉，而是顧頡剛。

顧潮的上述論斷源出當時尚未公開的《顧頡剛日記》。2007 年，日記經整理正式出版，使顧頡剛持「抄襲」說的真相得以公諸於世。

在 1927 年 2 月 11 日的日記中，顧頡剛按語云：「魯迅對於我的怨恨，由於我告陳通伯，《中國小說史略》剿襲鹽谷溫《支那文學講話》。他自己抄了人家，反以別人指出其剿襲為不應該，其卑怯驕妄可想。此等人竟會成群眾偶像，誠青年之不幸。他雖恨我，但沒法罵我，只能造我種種謠言而已。予自問胸懷坦白，又勤於業務，受茲橫逆，亦不必較也。」（《顧頡剛日記》第二卷（1927-1932），臺北聯經出版事業股份有限公司 2007 年版，第 15 頁）。

從顧潮的回憶錄和《顧頡剛日記》所記載看來，陳源著文宣揚魯迅「抄襲」說，實源出顧頡剛，並不是胡適所指認的張鳳舉。

卷三

魯迅軼事趣聞錄

魯迅與王孝慈軼聞二三事

新版《魯迅全集》（18 卷本）補注。

王孝慈是一位古籍藏書家。原名立承，孝慈是他的字，別署「鳴晦廬主人」。他是河北通縣（舊北京市）人。廣西政法學堂畢業，歷任大總統秘書，政事堂機要局僉事，國務院秘書廳僉事等職。

魯迅與王孝慈素不相識，也沒有通過信。在《魯迅全集》中，收有魯迅致鄭振鐸信內，提到王孝慈。主要原因是為了重印《十竹齋箋譜》。

為了對我國版畫學習者、工藝美術設計者和美術愛好者提供有價值的參考資料，魯迅與鄭振鐸合作，於 1933 年 12 月，在北京榮寶齋刻印《北平箋譜》。出版之後，獲得好評，很快銷售一空，在 1934 年再版一百部。

鄭振鐸與王孝慈早就認識，因為他們有共同的愛好，都喜歡搜集中國古籍和版畫，因此結為書友，交往密切。鄭振鐸知道王孝慈珍藏一部《十竹齋箋譜》，極為讚賞。

《十竹齋箋譜》是明代崇禎十七年（1644）休寧人胡正言所編，在南京刻印出版。該譜歷經戰火，存於世的極為稀少，當時發現的僅有三部，一部原為天津陶蘭泉先生所藏，後輾轉售出，流入日本「文求堂」；另一部藏於上海狄氏；第三部便是版畫收藏家王孝慈所珍藏。

　　鄭振鐸因這部書稀少，準備與魯迅商量重印，即向王孝慈商借。王孝慈慨然應允。接著，由鄭振鐸親自將《箋譜》帶到上海，送到魯迅家裏。鄭對魯迅說：「這本書似也不妨翻刻一下！」魯迅看了極為讚賞，果斷地說：「好的，好的，不過要趕快做！」鄭振鐸征得魯迅同意之後，便由他親自與北京榮寶齋合作，著手全書的翻刻工作。

　　重印《十竹齋箋譜》第一卷，經過差不多一年時間，終於在 1934 年年底出版了。魯迅親自撰寫了〈《十竹齋箋譜》牌記〉。遺憾的是，這部箋譜刻至第二卷時，魯迅和王孝慈先後因病去世，不及見到全書的刻成。

　　魯迅與鄭振鐸翻刻《十竹齋箋譜》時，對向原藏書人致酬問題，兩人極為關切。鄭想在刻成一二批後，把刻板送給王孝慈。而魯迅想得更周到，他說：「……以板贈王君，我也贊成的，但此非繁銷書，印售若干後，銷路恐未再能怎麼盛大，王君又非商人，不善經營，則得之何異於駿骨。其實何妨在印售時，即每本贈價壹二成，作為原本人報酬，買者所費不多，而一面反較有實益也，至於板，則當然仍贈與耳。」（見魯迅致鄭振鐸信）。

　　姜德明著有《餘時書話》，其中有一篇〈王孝慈與魯迅〉，文中說：「從這封信裏，人們可以看到魯迅多麼尊重原本藏主，不僅待人寬厚，想得周到，也是尊重文化的一種表現。《魯迅全集》的有關注釋，僅僅說王孝慈是一位古籍收藏家，也是不知底細而為之，等於不注。」

　　魯迅對王孝慈的生活，一直表示關注。他從鄭振鐸信中獲悉王孝慈患病，而且又是精神失常，惋惜不已。魯迅在 1934 年 11 月 8 日給鄭振鐸信中說：「王君生病，不惟可憐，且也可惜，好像老實人是容易發瘋的。」

　　王孝慈晚年的悲劇結局，一直不為外人所知。例如，餘時（即姜德明）同志曾寫了一篇〈「老實人」王孝慈〉，刊於 1990 年第 1 期《魯迅研究月刊》上。其中對鄭振鐸所說王孝慈「因書發癲死」和魯迅說「老實人是容易發瘋的」的詳情不知，他估計其中一定有「沉痛的故事」。

　　在新版《魯迅全集》（18 卷本）注釋中，非常簡略，以上所說，均未注釋。估計注釋者也不知其詳。為此，我特地拜訪了王孝慈的第五個兒子，他名叫王達弗，是南京大學美術系教授。他告訴我不少有關他父親的悲慘的遭遇。

　　王孝慈經常到北京賣古舊圖書的琉璃廠，日子久了，舊書鋪老闆都認識他，他又肯出大價錢，因此，舊書鋪老闆發現好書，首先送到王孝慈家中，先由他過目。當時，鄭振鐸也是搜集中國版畫愛好者，但有些好書往往被王孝慈搶先購得，為此而興歎。鄭振鐸在《劫中得書記》中記載：「孝慈生前，亦嘗從琉璃廠文昌館某肆，得開花紙初印本三冊。余出全力與之競，竟不能奪之。」由此可見王孝慈遇到好書，是絕不輕意放過的。

　　王孝慈日積月累，集聚不少好書，他所珍藏的《十竹齋箋譜》，尤為珍貴。鄭振鐸是國內知名藏書家，但在當時，與王孝慈相較，往往望塵莫及，只有為之興歎而已。

　　當王孝慈五十歲左右的時候，他要去天津任河北省政府秘書。北京的住房是租來的。因為藏書較多，一時難以攜帶，就在北京找一個朋友。將書暫存朋友那裏。事後哪裡料到，人心不測，這個朋友看到這麼多的珍貴寶貝，就把珍籍侵吞已有。一再拖延，不肯歸還。你想，一個愛書如命的人，怎麼能忍受這種巨大打擊，王孝慈竟為失書而精神失常。據說，大約得了一年多的病，除精神病外，

後來又兼有其他的病，經醫治無效，終於在家鄉離開人世，年僅五十三歲。難怪魯迅先生為他的死惋惜不已。

王孝慈與魯迅是同一年去世的，而比魯迅早八個月。

王孝慈將珍籍暫存朋友處，這位朋友究竟是誰呢？王達弗告知，他還是較有名氣的藏書家。不過，事情已經過去了，就不必再提他了。由此可見，王孝慈後人為人的寬厚。

當時，這件事已在藏書家中傳播，由於社會的壓力。這位朋友不得不將書「完璧歸趙」。歸還圖書時，王孝慈尚在世，但已重病在身，不久就去世了。

王孝慈去世時，身後蕭條，一貧如洗，竟無法安葬，籌措無門。後人被迫將遺留珍籍出售，以便料理善後。鄭振鐸在《劫中得書記》一書中也提到此事：「惟孝慈家事窘迫，不能不盡去所藏以謀葬事。」正在關鍵時刻，有不少外國人聞訊後，便委託琉璃廠書商，要與王孝慈後人商談，準備出高價將圖書全部收購。但王孝慈後人都珍視祖國文化遺產，不願珍籍外流，幾個弟兄商量後，便決定將珍籍全部讓給國家公共圖書館。

王達弗先生當時僅十餘歲，便委託他父親生前好友徐森玉，由他出面與北平圖書館版本學家趙萬里商談，結果即由該館將王孝慈的藏書（包括《十竹齋箋譜》）全部收購。

王孝慈藏書歸北圖後，歷經戰亂，幸能保存至今。據王達弗先生說，每本珍藏，都蓋有他父親的「鳴晦廬主人」藏書印章。

鄭振鐸為了繼續翻印《十竹齋箋譜》，慶幸此書歸於公庫，他向北平圖書館館長袁同禮商借，蒙允續借，因而使刊印不至中斷。該《箋譜》四冊，直至 1941 年 7 月間終告出齊。

　　魯迅與鄭振鐸合作翻刻的《十竹齋箋譜》，南京圖書館珍藏一部，極為珍貴。

陳儀與魯迅交往軼聞二三事

陳儀（1885-1950）字公俠，浙江紹興人。早年留學日本，入陸軍士官學校，與許壽裳、魯迅相識。

陳儀與魯迅在日本就有密切往來，直至魯迅逝世時，從未間斷。但由於極左思潮影響，學術界很少談論魯迅與陳儀的交往與友誼。這主要原因，是因為陳儀長期擔任國民黨軍政要職的原故。而魯迅在學術界是偉大作家、革命家和思想家。如果涉及陳儀，有人擔心會影響

▲陳儀在 1926 年

魯迅的榮譽。因此，不僅一般文章很少談及陳儀，就是工具書，如人民文學出版社出版的四卷本《魯迅年譜》是坊間魯迅年譜中「規模最大，內容最為完備的一種」，其正文、注釋、人名索引中，卻對陳儀隻字不提。另外，中華書局 2002 年版《中華民國史料叢稿・民國人物傳》中陳儀條目中只提到其與徐錫麟、秋瑾、蔡元培等人相熟，隻字不提魯迅（詳見伍國所著《陳儀與魯迅的交往初探》）。顯然，這是很不正常的現象。有悖於學術研究的實事求是。

為了糾正以上偏頗，現在概括介紹魯迅與陳儀的交往和友誼，以正視聽。

一、陳文瑛是陳儀的女兒，她有一篇回憶錄，題為〈陳儀與魯迅、郁達夫的交往〉，刊在《陳儀生平及被害內幕》一書中。其中

說：「先父陳儀，生前與魯迅先生交往甚
密。雖然兩人出身、經歷不同，思想上、
政治觀點上，難免有差距。但據現存的
零星史料來看，兩人的交往持續了 30
年之久。1902 年，魯迅與陳儀先後考上
官費留學生，兩人既是同鄉，又是同年
到日本留學，自然交往甚密。在魯迅照
片集中有 1904 年魯迅、許壽裳、邵明之
和陳儀四人合影。

▲左起：陳儀、許壽裳、魯迅、邵
文熔

　　「從日本歸來，魯迅與陳儀走上了
不同的道路。儘管生活道路不同，並未
使魯迅先生與陳儀的交往中斷。兩人時有書信往來，或登門晤談。
僅據《魯迅日記》記載自 1912 年至 1930 年兩人往來的事就有十八
處之多。1928 年春，魯迅與陳儀交往頻繁。2 月，魯迅先生以《唐
宋傳奇集》贈陳儀。3 月，陳儀赴歐洲考察，11 月歸國，12 月 10
日陳儀去探望魯迅先生，並贈《歌德的書信與日記》袖珍二卷本給
魯迅。

　　「魯迅先生逝世時，陳儀在福建任省主席，許廣平電告陳儀，
陳儀萬分悲痛。魯迅的逝世是中華民族不可彌補的損失，出於這樣
的認識，也出於平素對魯迅敬重，陳儀當即電告蔣介石，提議為魯
迅先生舉行隆重國葬，但蔣介石沒有接受這項提議。

　　「《魯迅全集》出版時，陳儀託人購得數套，分送給福建省圖
書館及重點學校，要學校選擇幾篇作為教材，以激勵後進。陳儀在
書櫥中一直將《魯迅全集》陳列在顯著的地位，並不時拿出來翻閱。」

　　以上是陳儀女兒的回憶，是真實可信的。

另外，伍國在〈陳儀與魯迅的交往初探〉一文中，除引用陳文瑛回憶錄文字外，還提到魯迅逝世後，許壽裳為設立魯迅「紀念文學獎金」一事於 1937 年 1 月致函時任福建省主席的陳儀，陳儀回函表示大力支持。隨後的文學基金募捐活動從二十七人處共募集一千四百五十五元，其中陳儀一人的捐贈就達一千元。

綜合以上所說，孫伏園對陳儀與魯迅的交往作出總結說：「陳先生（指陳儀）與魯迅情誼之厚，幾與許先生（許壽裳）不相上下。」由此可見，陳儀確實是魯迅的終生知己。

除了以上有關陳儀與魯迅的材料外，值得注意的是，最近周海嬰先生贈送我一本新書，是 2010 年 3 月由長江文藝出版的許廣平著的《魯迅回憶錄》（手稿本），其中第六章〈廈門與廣州〉中，有四處談到魯迅與陳儀的友誼。

許廣平所著《魯迅回憶錄》，初稿寫於 1959 年，1961 年由作家出版社出版。據許廣平當時在前言中介紹，這本書是用社會主義風格創作的；「就是個人執筆，集體討論，修改的創作方法。」

不料該書出版時，竟把許廣平的四處魯迅與陳儀的友誼文字全部刪除了。

顯然這種作法不是實事求是，因而余靜先生在《魯迅研究月刊》2010 年第 9 期上，發表〈許廣平回憶錄中曾經消失過的陳儀〉，文中除摘錄許廣平原文中有關介紹魯迅與陳儀的友誼外，作者還評介說：「許廣平的回憶是回憶魯迅的文章中涉及陳儀文字最多的，它所提供的史料內容雖然不出伍文（指伍國所著《陳儀與魯迅的交往初探》──筆者）左右，但她以與魯迅的特殊關係身份證實了陳儀與魯迅的情誼同許壽裳是不相上下的，而且這種情誼是建立在意氣相投、精神相通的層面上，更難得的是許廣平對陳儀的人品也給予

極高的評價，不排除其中就有她與魯迅的共識，因此是魯迅與陳儀研究中重要的參考」。

余靜先生評論中肯，我們可以從中獲得有益的啟示。

關於許廣平介紹魯迅與陳儀的原文，讀者可詳見許廣平所著《魯迅回憶錄》（手稿本），這裏就從略了。

二、愛國愛民，陳儀壯烈被害。1948 年，時任國民黨政府浙江省主席，為避免江浙一帶遭受戰火，勸說國民黨京滬杭警備司令湯恩伯放下武器，迎接解放。不料湯恩伯邀寵求榮，出賣「恩師」，致陳儀解職被囚。不久被移送臺灣後，有人勸說陳儀向蔣介石認錯輸誠，這時陳儀凜然色變，說，「我有何錯？我無錯可認，他不高興，可以殺我。我已年過半百，死得了，悔過書我不能寫。」行刑時，陳儀口說，「人死，精神不死，人死，精神不死。」

陳儀愛國愛民的偉大精神，受到廣大人民的稱讚。因此有人對陳儀的光榮犧牲，給予很高的評價，認為「假如魯迅能活著看到陳儀的人生終點，想必也會為老朋友的骨氣感到驕傲。」（伍國語）

魯迅和陳儀都是紹興人，他們為紹興譜寫了光輝的一頁。

南京小夥計夏傳經與魯迅一段真誠交往

——填補《魯迅大辭典》缺少夏傳經生平事蹟的空白

　　夏傳經是南京盛記布店小夥計，由於他崇敬魯迅，曾經與魯迅多次通信，並得到魯迅熱心指導。但有關夏傳經的史料，一直不為外人所知。1981 年版《魯迅全集》上的注釋，僅注他是「南京盛記布莊職員」，連他的生卒年也沒有。

　　人民文學出版社最近出版的《魯迅大辭典》，約有三百餘萬字，資料極為豐富。該書 870 頁，是這樣介紹的：

> 夏傳經，1936 年時為南京盛記布莊職員。因喜讀魯迅作品，來信詢問魯迅著作的出版情況、版本異同及研究文學的方法等問題。魯迅於同年 2 月 19 日覆函予以回答，並附列近年主要著譯目錄。同月 24 日又覆一信，並贈送《豎琴》等譯著四本。為表謝意，夏以清人陳森之《梅花夢傳奇》一部兩本回贈，魯迅於 2 月 29 日收到。3 月 2 日和 11 日又收到他的來信，內附剪集的南京報刊上中傷魯迅的文字。魯迅於 3 月 11 日覆信說：「承剪集寄示，好意至感，但我以為此後不妨置之，因費時光及郵費於此等文字，太不值得也。」後魯迅於 4 月 1 日、7 月 8 日曾收到他的來信。

以上介紹，顯然是根據《魯迅書信集》和《魯迅日記》材料編寫的。關於夏傳經本人生平事蹟卻沒有介紹。

1987 年，周海嬰先生編有《魯迅、許廣平所藏書信選》，其中收有夏傳經給許廣平三封信，我們從中僅知道一些零星的事情。

我們從現有材料看，知道 1937 年 2 月，夏傳經寫給許廣平的最後一封信後，再也聽不到有關夏傳經的下落了。他是不是早已離開人世了呢？不為人所知。

為此，我根據夏傳經給許廣平的書信中的材料，寫了一篇〈魯迅與南京店員夏傳經〉，刊登在《南京日報》（1988 年 10 月 30 日第3 版）。文後，希望夏傳經家屬能提供一些有關資料。這對研究魯迅先生怎樣熱心扶植小店員的事蹟，是極為有用的史料。

文章刊登後，立刻生效，我很快收到東南大學教授張壽庠同志的來信，提供了一些夏傳經有關史料。並介紹其表兄陳鏡澄同志，他居住上海，據說，他一度與夏傳經是同事，知道夏傳經事蹟較詳，要我和他取得聯繫。另外，我又接到夏傳經的姑媽夏生蕙打來的電話，要我到南師大宿舍一談。一天上午，我親自前往訪問。未料，陳鏡澄同志也剛從上海來寧，承蒙他熱情接待，幾乎談了一上午。現把有關情況，簡要介紹如下：

夏傳經是南京江浦人。生於 1915 年（屬兔），卒於 1937 年 11月，享年僅二十二歲。他沒有進過學校，唯讀了五年私塾。十四歲去上海，在上海勞勃路乾泰福布店當學徒。不久，上海開展抵制日貨運動，該店因有一部分布是日本貨，即因此停業，並遣散職工。夏傳經便因此回到南京，即在南京中華路盛記布店當小夥計，擔任記賬工作。

盛記布店創辦於 1924 年，是合股經營的。經理張子久，曾在江南水師學堂讀過書，後來改為經商。張壽庠同志說，張子久是他父親，另和舅父等合夥開了這個小布店。

張壽庠的姑父是夏傳經的堂叔祖，因為有親屬關係，便介紹他到店中工作。

夏傳經性格內向，沉默寡言。平時卻愛好文藝，特別喜愛魯迅作品。夏傳經家境極為貧寒，當時工資還不到十元，還要負擔祖父母、母親和一個小妹妹的生活，生活費用的困難，可想而知了。但他節衣縮食，甚至連理髮、洗澡都很少，把錢省下來，卻大量買書和日記本。據說，他對北新、良友出版的書，買得最多。特別是有關魯迅的毛邊書，特別喜愛。

當他將要離開上海時，把書一包一包地寄回江浦家中，均由姑媽代為收藏，共有好幾大箱。姑媽曾對他說，你是小夥計，生活很困難，買這麼多書，又有什麼用呢？夏傳經說，這是他的愛好，他是離不開書的。

夏傳經和魯迅通信，是從 1936 年 2 月開始的。當時，他僅二十一歲。信是從南京發出的，但他在上海是否訪問過魯迅？《魯迅日記》和其他文字，均不見記載。可是，夏傳經姑媽卻說，夏傳經還和魯迅先生合拍了一張相片。原是一張小型照片，經他放大後，鄭重地掛在牆上。這是從未聽過的事。我再三詢問，夏生蕙肯定說，她親自看到過，還說魯迅是平頂頭。不幸的是，這張照片，連同夏傳經生前所藏的幾大箱書，因戰爭的炮火，全被焚毀了。

夏傳經歷經坎坷，但他經常對家人說，他有一個最好最好的老師，那就是魯迅先生。這是他短暫的一生最感榮幸的事。

夏傳經還寫一手好字，有人看到他的手跡，竟像魯迅的書法。由此可見，他平時刻苦學習魯迅的精神。

　　夏傳經學習環境極為困難，房內竟無一張桌子，他是盤腿坐在床上讀書、寫字的。布店每天晚上八時半才算完工，以後就是他的學習時間，往往要到深夜十二時左右才睡覺。

　　他每天都記日記，內容不是生活瑣事，而是讀書心得和體會。一天日記，幾乎是一篇雜文。遺憾的是，這些日記，已在日軍縱火燒村時，全被燒得精光。

　　日本帝國主義侵犯祖國領土，夏傳經極為憤怒。據說，盛記布店是樓房，地勢很高，房頂上架著高射機關槍，他還幫忙運送過子彈。夏傳經一再聲稱，他絕不做亡國奴。據說，日機轟炸南京時，有一顆炸彈丟在錦繡坊，因為離盛記布店不遠，不幸因轟炸巨震的衝擊波，使他心臟受傷。

　　1937 年，日軍兵臨城下，布店生意自然沒法做了，每個夥計發了點錢，各自回家逃命。

　　那是 1937 年 11 月中旬，夏傳經為了節省每一個銅板，冒險過江以後，擔著行李和書籍步行回家。在石佛寺吃了點冷糍粑。他本來身體就不大好，中途再也走不動了，躺在路邊，家中得知後，這才用一頭小毛驢，把他駄回老家。不久，他就因病與世長辭了。

　　夏傳經因家境貧困，一直沒有結婚。他僅有一個胞妹，據說，婚姻也不如意，已離婚，並無子女。沒過很久，也去世了。

　　夏傳經全家先後離開人世，沒有後代。他最大的貢獻，是保存魯迅給他的三封信，收錄在《魯迅全集》第 13 卷；他給許廣平的三封信，收在《魯迅、許廣平所藏書信選》一書中。

　　另外，他那崇敬魯迅的深厚情誼，不畏艱苦的學習精神，以及不願做亡國奴，熱愛祖國的赤誠之情，給後人很大啟發和教益。據他姑媽說，他們經常在他遠親孩子中，講說有關夏傳經的故事，鼓勵孩子們上進，做一個對祖國有用的人。

　　夏傳經是一個默默無聞的小人物，直到現在，他的事蹟，尚無人所知。現在我根據採訪所得的材料，為《魯迅大辭典》作了補充說明，填補這項空白。除了紀念夏傳經之外，我們還可以瞭解到，魯迅先生對一位素不相識，而年僅二十一歲的小夥計，給予如此熱心指導的偉大精神。希望讀者能從中獲得一些有益的啟發。

卷四

魯迅研究專家軼事趣聞

魯迅研究專家趣聞

我從上世紀五十年代起，就從事魯迅資料搜集工作。因而結識不少魯迅研究專家。他們的軼事趣聞，難以忘懷，現選擇幾位，簡介如下，以饗讀者。

一、王瑤軼事

王瑤先生是魯迅專家，1982 年秋，我曾經參加在杭州舉辦的魯迅學術討論會時，榮幸與他相識，以後還通過一次信。

王瑤多年在大學任教，對人很誠懇，談吐很幽默，現在有兩件軼事介紹如下。

第一件事是這樣的：據說，有人問他近況如何？王瑤風趣地回答：「每天置身於『水深火熱』之中。」如果不加解釋，你一定會覺得他生活很不舒暢。實際並非如此。據說，他平時喜歡飲水，每天要飲十幾瓶水；同時，他還喜歡抽煙，用的是福爾摩斯式的大煙斗，含在嘴裏，呼呼有聲，火光一閃一閃。所謂「水深火熱」原來指此。

還有一件事是王瑤先生勤奮好學，年紀輕輕，頭髮就白了。他說：「不該白的，卻白了。」因為他喜歡抽煙，把白白的牙齒都熏成了黑色，他說：「不該黑的，卻全黑了。」他又風趣地說：「這真是『黑白顛倒』了！」

二、吳奔星趣聞談

　　吳奔星先生是知名的詩人，也是魯迅研究專家，他在南京師範學院任教授。我於 1982 年與他相識。他是江蘇魯迅研究學會會長，我是該會理事，經常在開會時見面。他知識淵博，待人誠懇，對黨忠誠，受到人們的尊重和愛戴，不料在 1957 年被錯劃成「右派」，含冤受辱長達二十年。

　　吳奔星先生給我的印象也是一個幽默之人，其平反後，於 1979 年 1 月 25 日，寫了一首名為〈自勉〉的七言絕句：

> 風風雨雨風風雨／坎坎坷坷坎坎坷／華蓋罩頭人易老／斜陽勸我笑呵呵。

徐州鄧星雨先生對該詩評價說：「這詩寫得厚、重、沉！詩味濃，詩風正，且一派昂揚浩氣，使人盪氣迴腸。『華蓋罩頭人易老，斜陽勸我笑呵呵。』這詩句必為傳世絕唱。」

　　王吉鵬同志是我多年的老朋友，吳奔星先生是他老師。王吉鵬後來調到大連遼寧師範大學任教，每有著作，都寄給奔星師，請他指教，他都能親筆回信鼓勵。直到 2001 年秋，王吉鵬又一次見至吳老師，是在徐州師範大學舉辦的紀念魯迅的學術討論會上。王吉鵬去他住的房間，問他好。吳老師還記得他指著自己的嘴，風趣地說：「你看我，牙都掉了，快成無齒（恥）之徒了！」

　　王吉鵬有感於此，他說：「奔星師就是這樣風趣，風趣中有一種自信、達觀。我想，他正是有這樣一種品格，才跨過了人生的許多坎坎坷坷的。」

三、老前輩李何林

李何林先生是魯迅研究界老前輩，曾任北京魯迅博物館館長。1982 年秋，我在杭州舉辦魯迅紀念學術討論會時與他相識。他倡議編輯《魯迅大辭典》，我應邀去魯迅博物館協助擔任有關圖書介紹的詞條，大約有兩個月時間。在這段時間裏聽到有關李何林幾件軼事。

據說，在文化大革命期間，李何林作為「反動學術權威」被批鬥。有一次批鬥時，造反派問他是不是「反動學術權威」？要他交待，李何林回答說：「反動學術權威，是你們的看法，而我自己卻絕不會承認的。」造反派看他強頭倔腦，便給他剃了陰陽頭，叫他斯文掃地。但他光明磊落，處之泰然，出去時，也不戴帽子遮醜，而是招搖過市，惹得一路上不少人看西洋鏡似的。本來造反派是侮辱他的人格，卻沒有想到這倒反映了造反派迫害知識份子暴行的證據。

有一天，造反派把所謂「牛鬼蛇神」集中起來勞動改造，要他們去院子裏除草。據說，李何林幹得很認真，造反派還特意給他拍了一張照片。等拍完之後，李何林跑到面前說：「能否多洗一張？」「為什麼？」「這張照片很有歷史意義，我準備留作紀念！」造反派對他真沒有辦法，弄得啼笑皆非。

李何林先生平時不抽煙，也討厭別人抽煙。據說，開會時，坐在他旁邊的人，不管年紀有多大，職位有多高，凡是抽煙者，他很不客氣地要求把煙熄掉。他說烏煙瘴氣，有礙健康。因為他有這個習慣，開會者即使不坐在他旁邊，也不敢隨便抽煙。只有等散會或休息時，癮君子才到院子裏吞雲吐霧過過煙癮。

　　1983 年 6 月，江蘇魯迅研究學會在蘇州舉行《野草》學術討論會，邀請國內知名學者參加，計有李何林、衛俊秀、李國濤、閔抗生、胡從經、甘競存、施建偉等人。我也榮幸參加盛會。

　　值得一提的是衛俊秀老先生，他在胡風創辦的泥土社曾出版《魯迅「野草」探索》一書，它是我國第一部《野草》研究專著。不料，因胡風而受到牽連，關進牢房。平反後，這本原著早就無處尋覓了。

　　我見到衛老，告訴他我曾經在舊書店買到一本，至今還珍藏在手邊。衛老聽說後，深感欣慰。他是有名的書法家，特為此贈送我一幅墨寶，留作紀念。

　　賓館負責人知道到會者都是有名的專家，便備了宣紙，請專家題詞留念。首先由衛老先生揮毫，他龍飛鳳舞，一揮而就。接著是李何林先生，他的書法並不怎麼樣，但卻寫得方方正正，字如其人。他寫的是「向魯迅先生學習」，寫完之後，他說：「我不是書法家，但也有特點，就是寫的字，人人能認得！」他的風趣，引起大家一片笑聲。

　　李何林先生在天津師範大學任教時，平時喜歡穿中式服裝，樸素整潔。他反對學生穿奇裝異服。據說，有一位男學生，受西方時尚的影響，留起了小鬍子。有一天，李何林在路上遇到他，立刻攔下來，問他多大年紀了？學生回答說：「二十二歲。」李何林說：「我都快六十歲了，還沒有留鬍子，你年紀輕輕地就留起鬍子，老氣橫秋，多麼難看！真不像話，趕快回家把小鬍子剃掉！」

　　李何林先生教學嚴厲，希望學生早日成才；生活上一定要簡樸、整潔。他一生培養許多品學兼優的學生，後來成為知名的學者，因而受到人們的尊敬和愛戴。

李長之為《魯迅批判》遭一輩子罪

　　李長之初名李長植，山東利津縣人，畢
業於清華大學哲學系，先後在中央大學、北
京師範大學任教，是著名的詩人、翻譯家、
學者、在文學批評和古典文學研究領域造詣
很深。

▲李長之

　　李長之在 1935 年主編《益世報》副刊，
他的《魯迅批判》曾在該報副刊上連載。到 1935 年 9 月上旬，他將
全書結稿。在趙景深大力支持下，該書在北新書局出版。

　　《魯迅批判》在魯迅研究史上，是第一部成系統的專著，在學
術界影響很大。

　　李長之這部專著出版，曾得到魯迅先生大力支持和幫助，魯迅
親自看過李長之的稿件，並訂正過其中著作時日。此外，魯迅還贈
送他一張照片，刊印在書面上。

　　《魯迅批判》於 1935 年寫成，1936 年 1
月初版，不到一年，魯迅先生就去世了。

　　該書出版經過是這樣的：

　　當北新接受書稿後，李長之寫信向魯迅
索要相片。魯迅接信後，便毫不遲疑地從自
己的相冊上揭下一張標準像寄去，還寫了回
信。李長之收到魯迅的信和照片後，感到很

▲《魯迅批判》初版封面

珍貴，就叮囑趙景深將魯迅相片按原尺寸置於封面左上方，再用插頁重印一次置於卷首，還將魯迅書信第一頁手跡原件寄去，讓製鋅版後放在插頁相片之後。趙景深對他的要求，一一照辦。在該書初版本的目錄上就刊有「魯迅先生近影」、「魯迅先生手跡」的字樣。但北新書局老闆李小峰，考慮到這本書不好銷，會虧本，為此儘量節省成本，印出的《魯迅批判》省去了該用重磅銅版紙印製的相片插頁和手跡，僅僅封面是李長之要求的樣子。

《魯迅批判》初版出版後，不到半年就賣完了。這是李小峰沒有料到的。

1936 年 6 月，《魯迅批判》第二版出版，但書局沒有通過李長之。李長之本人一年後在香港書店的售架上見到才知道。於是，他在有關文章中開始大發牢騷，譴責「書店老闆所加給的戕害」；「初版不印魯迅書信手跡和相片插頁，還將魯迅手跡丟失」；「所給的版稅就更苛了，只給了五十幾元，版稅也只算過一次，以後再沒算過」。

李長之對北新書局的做法很失望。幾年後，李長之負氣地把《魯迅批判》委託給東方書社在成都印了「第三版」，出書時間是 1943 年 7 月。這是李長之單方面的行為，沒讓北新書局知道。

1946 年 2 月 15 日，李長之給趙景深寫信，討要他沒有給夠的版稅，趙景深接信後立即向李小峰轉達。於是，李長之這才獲得了追討的版稅。

不料，李長之回到北平，他在書店又見到新的《魯迅批判》，他再去讓趙景深代索版稅。

1987 年 7 月，書目文獻出版社出版我編寫的《魯迅研究書錄》，其中收錄李長之的《魯迅批判》一書，因為見到該書每次加印都沒

有準確地在版權頁上登錄出書時間和印數，只好含混其詞地說：「該書出版後，曾多次再版。」

李長之出版《魯迅批判》之後，屢遭批判和查禁，在國民黨統治時期，它被視為左派讀物予以排斥；在日偽統治時期，它被列為禁書；新中國成立伊始，也受到嚴厲批判。李長之在 1957 年被劃為右派，《魯迅批判》成為黑書，被封存於圖書館，不許借閱。在「文化大革命」中，一工宣隊隊員指著李長之的鼻子說：「是你寫的《魯迅批判》麼？魯迅是可以批判的麼？就衝著『批判』，你就罪該萬死！」

關於「批判」一詞，容易使人產生誤解，一般通用解釋是：「對錯誤的思想、言論或行為做系統的分析，加以否定。」而李長之所謂「批判」，卻是「分析」、「評論」的意思。

儘管如此，李長之在評論分析魯迅作品時，也存在不少欠妥或錯誤的地方，連他自己也對該書不滿意，早在《魯迅批判》1943 年發行第三版時，他就表示「另寫一部魯迅再批判」。1950 年李長之在〈魯迅批判的自我批判〉一文中，又一次表示「對於本書，願意重寫」的願望。

1976 年「四人幫」已經粉碎，某出版社曾找李長之接洽再版《魯迅批判》事宜，條件是將書名「批判」改為「評論」或「分析」之類云云。李長之脾氣耿直，他堅持不改。他說：「批判其實就是分析評論的意思。我為《魯迅批判》遭一輩子罪，不改，不出，也罷！」

李長之說這番話兩年之後，便於 1978 年離開人世。

李長之的《魯迅批判》一書，是迄今在研究魯迅的學術領域中引文率最高的專著。也是唯一經過魯迅披閱的批評魯迅的專著。但該書歷經艱苦歷程，目前已難見到原書了。為此，北京出版社於 2003

年 1 月重新整理再版了《魯迅批判》一書。書前刊有于天池、李書合寫的〈李長之《魯迅批判》再版題記〉，可作為讀者的「導讀」。

孫用先生二三事

　　孫用先生是翻譯家，也是魯迅研究專家。他知識淵博、治學嚴
謹、待人寬厚、為人正直，因而受到人們的尊敬。

　　我搞魯迅資料多年，因而結識不少魯迅研究前輩。例如，王士
菁、李霽野、丁景唐、戈寶權、孫昌熙、許傑、聶紺弩，等等。我
都有過交往。遺憾的是，我與孫用先生，不但未見過面，連書信也
未有過往來。儘管如此，我卻意外地結識孫用的長女孫亦芬同志。
說起來，那是很偶然的。孫亦芬在南京鼓樓區政協辦公室任秘書。
鼓樓地區是人文薈萃的地區，歷史古跡很多。為了宣傳鼓樓文物遺
跡，政協辦公室特此編輯《鼓樓文史》（不定期刊物），我被邀為撰
稿人。每次開會，都由孫亦芬接待。有一次，我拿著一份《週末》
報，上面刊登我一篇有關魯迅的文章，孫亦芬看到了，便對我說，
她父親也是研究魯迅的。我為之大吃一驚，我認識她多年，我第一
次知道她便是孫用的女兒。她多次向我提到有關她父親的軼事，使
我對孫用先生的治學和為人的高尚，有了進一步瞭解。

　　下面我便根據孫亦芬所提供的素材，以及有關資料，編寫了這
篇有關孫用先生的軼事：

一、魯迅對孫用熱心幫助

孫用是杭州人，祖籍蕭山。父親是個刻字匠，家庭生活拮据，孫用在學校也沒有讀過多少年書，由於生活所迫，他十八歲時，就在杭州郵局工作，當外文檢信生。業餘自學英語和世界語，他經常向魯迅編輯刊物《奔流》投稿，得到魯迅的支持和關懷。

1928 年，孫用得到匈牙利愛國詩人裴多菲作的〈勇敢的約翰〉的世界語譯本，如獲至寶，立刻在一年左右的業餘時間中，把它譯出來。他將譯稿寄給魯迅，在魯迅大力支持下，終於在 1931 年由上海湖風書局出版。

魯迅自 1929 年 1 月開始，前後給孫用十四封信。其中有十封是關於翻譯裴多菲長詩〈勇敢的約翰〉的。在該書出版過程中，魯迅為之修改、校稿、作校閱後記、設計版式、選擇插圖，以及墊付稿酬等等。魯迅為培養他成長，確實化費不少精力和時間。

遺憾的是，孫用與魯迅始終未見過面。二十年後，孫用在《浙江日報》上，發表一篇〈感情的負債〉，其中說：「〈勇敢的約翰〉……是我的最早的譯文，沒有魯迅先生，它是不能出版的……為這後進的譯者，為這生硬的譯文，魯迅先生是給予了怎樣的鼓勵，竭盡了怎樣的心力啊！」

孫用為了報答魯迅的恩情，終生從事魯迅研究，宣傳魯迅精神，作出了卓越貢獻。

二、孫用為何改姓？

孫用先生原名卜成中，我曾向孫亦芬詢問，你為什麼不姓卜呢？她說父親已改她奶奶家的孫姓，這要從她母親婚姻說起。

抗戰期間，孫用被派往龍游農村，做郵局局長，說是局長，其實就他一人。他寄居在當地倪姓的人家。孫亦芬說：「她母親姓胡，十三歲起在倪家做童養媳，到與她父親相識時才十八歲。倪家的兒子在城裏上學並結識了學堂的女同學，根本就不理睬我母親，母親小小年紀，長期在這家做傭人。父親同情母親的遭遇，對她生活極為關注，母親看中父親為人忠厚，兩人商定，悄悄地離開倪家。由父親護送，兩人步行七天，回到母親老家富陽。在母親家兩人私定終身，並約好半年後，父親再來富陽接母親。父親回杭州稟告我的祖父，並很好地安置了祖父替他包辦的妻子。半年後，父親回到富陽，當著我外公、外婆的面和母親拜天地成了親。」

孫亦芬說：「1944 年 4 月，我作為他們的長女出生在浙江衢縣，當時我叔叔、嬸嬸同住在一起，嬸嬸同時生了第三個兒子，我母親生頭胎，難產，生了三天三夜。嬸嬸不僅不幫忙，在月子裏，為了給孩子烘尿布，與我母親吵了起來。父親看到母親受了欺負，因而傷心落淚，父親氣極，便與叔叔大吵一架，拍著桌子說，我從今天起，要和你們脫離關係，從此不再姓卜了。──這就是孫用的幾個子女都姓孫的由來。

孫亦芬說，父母婚後恩恩愛愛，從沒有紅過臉，吵過架，直到父親於 1983 年 10 月 3 日去世，兩人相依相伴四十餘年，從沒有分開過。

三、孫用為馮雪峰淒涼晚景而痛惜

孫用於 1952 年調到北京人民文學出版社工作。當時,馮雪峰擔任領導工作。在文革前,他和馮雪峰交往並不多。因為馮雪峰公務繁忙,孫用很少去打擾他。文革後,馮雪峰受政治迫害,那時處於「以階級鬥爭為綱」時期,大家都和馮雪峰劃清界線,不和他來往。據孫亦芬回憶說,這時,她父親卻一反常態,常和她母親去馮雪峰家中走動。後來馮雪峰患肺癌已到了晚期,非常痛苦,孫用夫婦經常到馮雪峰病床前探望和安慰。那時,只有馮夫人照料病人,一隻爐子上燉著一點銀耳,馮的好友一個也不來,空空的房間,顯得冷冷清清。後來,孫用每提及此事,總是唏噓不已,為馮雪峰淒涼的晚年而深感痛惜。由此可見,孫用為人的正直。

四、孫用怎樣幫助朱正

朱正是一位年輕並有才華的魯迅史料專家。不幸的是被錯誤劃成「右派」,曾被抄過家、坐過牢房。在文革中,朱正到北京上訪,無人可投靠,後經馮雪峰介紹找到孫用,他二話沒說,毫不猶豫留宿供飯,提供方便。朱正的《魯迅回憶錄正誤》一書,就在孫用大力支持下修改後出版的。

眾所周知,搞學術研究而無資料,那就等於「無米之炊」──巧婦難為了。朱正是在缺少圖書資料情況下,孫用替他解決了。

朱正曾撰文回憶說:「經過三番兩次的折騰,那時我除了還保存了一部十卷本的《魯迅全集》之外,其他圖書資料幾乎蕩然無存。

又弄不到借書證，無法去借圖書館的書。沒有資料怎麼能考證呢。這時雪裏送炭的是孫用同志。不但凡是我要借什麼書都有求必應，許多我根本不知道的材料都源源給我寄來。《新文學史料》的最初幾本，《魯迅研究資料》的最初幾本，都是他寄贈的。他是魯迅研究室的顧問，魯研室常寄一些上面寫著『僅供參考，請勿外傳』的列印材料給他。他認為朱正並不是外人，這些材料也就大都傳到我這裏來參考一下。」（朱正：《思想和風景──朱正隨筆》）。

朱正在北京經常去孫用家訪問，大約每星期裏，他總要到他家看望一兩回。因為去久了，他有一種獨特的感覺，那就是「孫用同志家裏的東西是不能稱讚的」。有一回他稱讚了茶葉好，臨走的時候就裝好一瓶茶葉叫他帶走。一次他用亦芬從南京寄給他的糖果款待他，朱正說了一句在北京沒見過，孫用就一定要朱正帶走一包。有一回朱正在他桌上看見南京師範學院編印的《文教資料簡報》，說這刊物編得不錯，有些材料有用。後來，朱正去他家時，他就常常顫巍巍地打開書櫃，把新到的《簡報》拿給他。

孫用先生不幸於 1983 年 10 月因病去世。朱正為此去看望師母，她把一本新寄到的《簡報》遞給朱正，說：「這是他為你訂的。」朱正接過來，心裏一陣溫暖，真是百感交集，含著熱淚，不知說什麼才好。

後來，朱正寫了一篇紀念孫用的悼文，最後說：「作為一個文學翻譯家和魯迅研究專家，他的成就也許是可以企及的，但是他的完美的人格，他的崇高的道德面貌，卻是不多見的。這也許是他留給我們最可寶貴的遺產，最值得我們學習的地方吧。」

孫亦芬說，她父親最喜歡她，每年都要到南京來看看她，遺憾的是，我知道太遲了，否則我一定去拜訪他。

　　孫用先生崇敬魯迅，對校勘魯迅著作作出卓越貢獻，他治學嚴謹，待人寬厚，為人正直，這些都是我學習的楷模。

烏鴉、喜鵲與和平鴿

——關於曹聚仁二三事

曹聚仁是我國知名的史學家、現代文學研究專家，著名的記者。章太炎在上海講演，由他記錄整理，出版一部《國學概論》，當時他只有二十二歲，受到章太炎的讚賞。因其國學根底扎實，二十多歲時，就已在大學任教授，受到人們的尊敬。我與曹聚仁先生雖素昧平生，但我與他四弟曹藝，卻交往近二十年之久，在交談中，獲得不少鮮為人知的情況。

曹藝原名曹聚義，1927 年進入黃埔六期炮科後參加共產黨，1929 年在黃埔軍校擔任中共中央軍校地下特別黨總支書記，由於地下市委出了叛徒，地下組織遭到破壞，他這時遭到蔣介石通緝、抄家、追捕。曹藝便潛歸上海，避居哥哥曹聚仁家中。一邊協助曹聚仁編輯《濤聲》週刊，一邊化名寫些雜文，獲得一些稿費度日。

據曹藝說，魯迅與曹聚仁關係很好，魯迅多次到家中訪問，曹藝也在這時與魯迅見過面。嫂子王春翠會做浦江鄉間「小麥鈴」點心，曾受到魯迅的稱讚，並聲稱下次還要來這裏吃小麥鈴。

我在南京圖書館工作，曹藝經常來我這裏借書。有一次，他要我查一查《竹葉集》南圖是否收藏，我查了目錄，卻沒有此書。我便問他，為什麼要看這本書？據說，這是王春翠的一本散文集，而且書名還是魯迅定的。我搞魯迅資料多年，還第一次聽到這件鮮為人知的軼事，於是，我請他將情況告訴我。

　　據說，在 1934 年間，王春翠正在家裏埋頭寫作，魯迅事先沒有約好，就來曹聚仁家中，王春翠忙請魯迅入座，並致歉未能遠迎。這時，曹聚仁聞聲出來，即與魯迅交談，他說：「周先生，近幾年春翠為《濤聲》、《芒種》、《申報》、《婦女雜誌》等刊物寫過二十來篇文章，我們想編個集子，請先生審閱修改。」王春翠急忙懇切地說：「拙作不堪入目，請周先生斧正，賞個書名。」魯迅先生接著幽默地說：「斧正？不敢當。家有魯班，何必再請木匠？」他邊品茶邊認真翻閱稿子。當他看到其中一篇《竹葉頌》，認為這篇文章剛勁有致，便爽快的說：「定個書名，看來老夫在劫難逃了。依我之見，就定為《竹葉集》吧！」

　　我覺得魯迅對答幽默，又鮮為人知，便根據曹藝提供的素材，寫了一篇〈魯迅與《竹葉集》〉，刊登在《魯迅研究動態》上。發表後，我贈送曹藝一本。後來，王春翠知道了，非常高興。王春翠因曹聚仁牽連，解放後一度遭到迫害，已久久默默無聞了。於是，特意向魯迅博物館編輯部郵購十五冊，分別贈送各地親友。

　　曹藝也因曹聚仁關係，在「文革」期間受到衝擊，多次檢查。其實，曹聚仁為人正直，而且著作很豐富，共發表專著七十餘部，達四千餘萬字。對學術有卓越貢獻。其中，他與舒宗編纂的《中國抗戰史》，全文四十餘萬字，照片千餘幅，還有地圖等，於 1947 年 5 月由上海聯合畫報社出版。書中真實紀錄了日軍侵略中國所犯的種種罪行。1948 年 8 月 14 日，國防部上海軍事法庭審判日本侵華總司令岡村寧次時，審判席上便放著這本《中國抗戰史》，用鐵的事實印證日本侵略軍在南京大屠殺中的血腥罪行。

　　曹聚仁曾受不白之冤，有人說他是「反動文人」，曹藝對此憤憤不平。他不僅口頭對我論述曹聚仁對國共合作的貢獻，而且還將收藏的資料給我看過。

　　曹聚仁究竟是怎樣的人呢？我覺得可以用三種飛禽烏鴉、喜鵲和和平鴿概括他的人生道路。

　　曹聚仁他自比烏鴉。在上海辦《濤聲》時，他便用了烏鴉做標記，意思是報憂不報喜。魯迅對此曾有意見，說曹聚仁「赤膊上陣」。但對他的精神，仍給予肯定。

　　曹聚仁長期居住香港，五十年代中期，開始了一次又一次「北行」，前後達六次之多。他是以新加坡《南洋商報》駐香港特派記者的身份「北行」採訪的。在北京他對朋友說，現在要做喜鵲，不做烏鴉了。1950 年他剛由上海到香港，發表〈南來篇〉，其中有一句「我從光明來」，於是受到國民黨右派的謾罵。

　　曹聚仁以一封公開信給友人，在《南洋商報》發表，說明他北上的動機。其中分析當時的政治形勢，對於中國的前途提出三點意見：一、中共政權已經逐漸穩定，面對現實，不必作他幻想，今後五十年中，大陸的局勢已定，不會有多大變動，要夢想改朝換代，已經不可能了；二、臺灣反攻大陸的希望，韓戰結束以後，越來越渺茫了，依我的說法，簡直是絕望了；三、因此，我的看法，要解決中國問題，訴諸於戰爭，不如訴諸於和平。國共這一雙政治冤家，既曾結婚同居，也曾婚變反目，但夫妻總是夫妻，床頭打架，床尾和好，乃勢所必至。為什麼不可以重新回到圓桌邊去談談呢？

　　曹聚仁以大陸和臺灣血肉同胞的利益為重，以和平使者身份，開啟了第三次國共和談，因而受到毛主席和周總理熱情接待，一切都很順利，歷時二十二年，已經到了成功的邊緣，卻因文革無果而終。

　　曹聚仁於 1972 年 7 月 23 日，在澳門去世。夏衍同志曾寫文章悼念曹聚仁，對他促成海峽兩岸和解與祖國和平統一給予讚賞。文章說：「他不參加任何黨派，但和左右兩方面都保持著個人的友誼，

都有朋友，雖然愛獨往獨來，但他基本上是傾向於進步和革命的。」
夏衍在《懶尋舊夢錄》一書中，也評價曹聚仁，認為「在香港那樣
複雜的環境中，他能二十多年不改其志地堅持愛國，是不容易的
事，是當得上晚節可風的讚譽的」。

　　曹藝對革命事業也作出很大貢獻，他曾接受朱德、葉劍英所派
遣，埋伏在白區完成指派工作。另外，他還是一位雜文家，曾與陳
望道、陶行知、鄒韜奮、徐懋庸、陳子展、林語堂等人有過交往。
曹藝化名寫了不少雜文，其中「李儵」一名，不為別人所知，有人
問過唐弢，起初他也不知道，他認為是李又燃的筆名，顯然不對。
1981 年版《魯迅全集》，注釋也含糊不清，只簡注：「李儵為三十年
代青年作家。」由此可見，注者並不知道是曹藝的筆名。後來，曹
藝將真實情況告訴我，是他的筆名，出典於《莊子》。1985 年上海
文藝出版社出版《中國新文學大系》（1927-1937 年）雜文卷中，收
曹藝五篇雜文：《死所》、《不動姿勢》、《吸血蟲》、《吼》、《蚊子》
等。另外，1991 年山西出版的《中國雜文鑑賞辭典》，選收了《蚊
子》，並作了賞析。因為當時採用筆名，曹藝在雜文史上的貢獻，
卻不為人所知。曹藝準備寫回憶錄，不料，2000 年 8 月 21 日，因
腦梗塞醫治無效，病逝於南京市中醫院，終年九十三歲。這是不可
彌補的損失。謹以此文對曹藝先生表示我的崇敬和深切的懷念。

蕭軍軼事趣聞錄

　　蕭軍（原名劉鴻霖）與蕭紅在魯迅幫助下，成為知名的青年作家。關於蕭軍筆名來歷，與魯迅有著一定的關聯。之後，兩蕭的筆名由於種種原因，又遭到曲解，現把事情的經過介紹如下：

▲蕭軍

　　蕭三原名蕭子暲。1930 年中國左翼作家聯盟成立，他為中國左聯常駐莫斯科國際革命作家聯盟代表。魯迅和蕭三交往，就是從這期間開始的。

　　蕭軍在上海有不少作品是通過魯迅精心修改後，介紹給刊物發表的。起初蕭軍用的是「蕭三郎」筆名。

　　蕭軍使用「蕭三郎」筆名，和蕭子暲筆名「蕭三」相似。為了安全起見，魯迅就勸蕭軍改署別的筆名。魯迅在 1935 年 2 月 9 日給蕭軍信中說：「那兩篇小說的署名，要改一下，因為在俄有一個蕭三，在文學上很活動，現在即使多一個『郎』字，狗們也即刻以為就是他的。」

　　不久，又有一位「李三郎」找上門來。據說，他使用「李三郎」一名，已有一年多了，似乎「蕭三郎」是冒他的大名，便寫信給《文學》社，要求刊登聲明。雖然聲明並未發表，可是消息卻很快傳到魯迅耳朵裏。為此，魯迅在 1935 年 3 月 31 日，又給蕭軍去信，其

中又提到「三郎」筆名，請其更換。魯迅說：「現用的『三郎』的筆名，我以為也得換一個才好，雖您是那麼的愛用它。因為上海原有一個李三郎，別人會以為是他所做，而且他也來打麻煩，要文學社登他的信，說明那一篇小說非他所作。聲明不要緊，令人以為是他所作不上算，所以必得將這姓李的撇清，要撇清，除了改一個筆名之外無好辦法。」

後來，劉鴻霖正式改署「蕭軍」。他在魯迅精心培養下，以「蕭軍」一名，成為中國現代文壇久負盛譽的知名作家。

「李三郎」一名，在新版《魯迅全集》上，雖然提到他，但卻沒有注釋，原名是誰，卻鮮為人知。

據我查資料所得，李三郎原名李維恒，後改名李筱峰，廣東臺山人。他另一筆名是「何維」。在《中國文學家辭典》現代第三冊上，有他的傳略。他生於 1916 年，當時他在上海還不到二十歲。1934 年 4 月，他在上海加入中國共產黨，編輯地下黨創辦的晨曦通訊社刊物；1982 年加入中國作家協會，曾任廣東科普創作協會文藝組組長。

劉鴻霖為什麼要起名「蕭軍」呢？據他自己回憶說：「『蕭』字的來源，是我很喜愛京劇中《打漁殺家》的蕭恩；『軍』是為了我是個軍人出身的一點意思，並無其他『奧秘』在其中。」

蕭軍的愛人原名是張迺瑩，她因「蕭軍」之名，而起筆名「蕭紅」，並出版了《生死場》，在魯迅指導下，成為知名女作家。

他們兩人的筆名合起來，也很有意義。因為他們仰慕紅軍，兩人筆名合起來，就成為「小小（蕭）紅軍」之意。

蕭軍回憶說：「這種天真的想法和舉動，如今想起來，也有點『幼稚病』得怪可笑。不過那時國民黨正在江西一帶『剿共』，因此就偏叫『紅軍』給他們瞧瞧。」

　　但誰也沒有料到,「蕭軍」與「蕭紅」的筆名,在十年浩劫中,竟成了「罪證」之一。它被造反派曲解為他要「消(蕭)滅紅軍」,因而遭到批鬥。

朱希祖軼事趣聞錄

朱希祖是我國著名史學家，原名朱同祖，字吉甫，號逷先，浙江海鹽人。生於1879年，其家為當地郡望。1950年，朱希祖二十六歲時考取官費名額，赴日本東京早稻田大學學習史地。後與魯迅、周作人等人，受業於章太炎門下，學習說文解字和音韻，成績顯著，得到章太炎先生的器重。

▲一九二六年朱希祖於北京。

朱希祖學成回國後，於1913年被北京大學聘為史學系教員，不久又升為史學系主任。培養了一批知名學者，如傅斯年、羅家倫、顧頡剛、朱自清、姚從吾、毛子水等等。

朱希祖後任中央研究院歷史語言研究室主任，1934年又被南京中央大學聘為歷史系主任。抗日戰爭後，他被任命為國史館委員會總幹事、考試院考選委員。1944年因患哮喘併發肺氣腫，不幸在重慶逝世。

關於朱希祖事蹟，因介紹者不多，青年人固然對他不大瞭解，即使老年人，也把他淡忘了。

朱希祖孫女朱元春，與我相識。我和她父親朱偰在南京圖書館曾是同事，因此交往密切。我為了撰寫有關朱希祖的事蹟，她大量提供一些鮮為人知的軼事，現擇要介紹如下：

一、朱希祖與章太炎

朱偰是朱希祖的長子，他原在江蘇文化局任副局長，因 1957 年錯劃成「右派」，後調到南京圖書館，曾與我一度同事。「文化大革命」期間，受到迫害，在交待材料中，他寫了一篇〈我家的座上客〉，介紹不少知名人士，很有史料價值。

朱偰在回憶錄中，說他父親擔任北大教授時，交遊頗廣，「在北京的起初十年，幾乎『座上客長滿，樽中酒不空』，高談闊論的，盡是一些通儒碩學。那是一個道道地地的高級知識份子社會，是一個『文藝沙龍』……」。

朱偰回憶說：「在民國初年，當我們還在東城吉兆胡同的時候，來往的人以章太炎先生和章門弟子為主，來得最多的是錢玄同」，魯迅與周作人也來過，但次數不多。

章太炎先生是老前輩，在民國初年又是袁世凱注意監視的人物之一，因此「輕意不大出來。有一次他到我家來了，章門子弟前呼後擁，還帶了他兩位女公子同來。章先生穿著玄色長袍馬褂，端坐在客廳中間。章門弟子對他，都非常恭敬；但是那是純粹出於自然的敬愛，大家還是有說有笑，空氣非常融洽。因為他的女公子也來了，母親也出去招待。那時二弟還不過四五歲，從客廳門外探頭向裏望，拉著母親的衣裙，輕輕地問道：「那中間坐著的，是皇帝吧？客人走後母親告訴大家，惹得大家哄堂大笑。」

二、朱希祖與陳獨秀

朱偰在回憶錄中，還記載陳獨秀一個不為人知的軼事：

> 陳獨秀那時在北京大學擔任文科學長，也到我家來吃過飯。
> 父親請他上座，談著辦《新青年》的事情。母親偷偷地去看
> 一下，見陳獨秀說話的時候，先挺一挺眉毛，眉宇之間有一
> 股殺氣。客人走了之後，母親對父親說道：「這人有點像綠
> 林好漢，不是好相與的。你怎麼同這些人打起交道來了？」
> 後來陳獨秀因提倡共產主義，鼓吹社會革命，在「新世界」
> 七層樓上散發傳單被捕下獄。母親聽見了，又對父親說道：
> 「怎麼樣，我說的不錯吧，勸你以後還是少同這些人來往
> 吧！」父親笑了笑，沒有同她進行分辯。

三、朱希祖與周作人

朱希祖不僅是史學家，而且還是一位知名的藏書家。他對南明
史籍的收藏在當時就有「全國公私第一」的美稱。上世紀八十年代
臺灣學者蘇精著書，便將他列為近代藏書三十家之一。

到了 1927 年以後，到朱希祖家中的客人，都是史學家和藏書
家。史學家有陳垣、陳寅恪等；藏書家有倫明（倫哲如）、鄭振鐸、
馬隅卿等。

朱偰回憶說：「胡適也常到我家裏來，看看我父親的藏書，談
談版本。父親不大看得起他，批評他的《中國哲學史大綱》寫得膚

淺，而且肯定地說，他出了中卷以後，下卷是寫不下去了，因為他既不懂佛學，又不懂宋、明理學。果然，他的《中國哲學史大綱》勉強出到中卷為止，下卷始終沒有能夠出版。」

朱希祖開始藏書，大致始於他在日本求學時期，當時章太炎因鼓吹革命，倡導反清，熱衷於收集並翻印明末抗清志士文集。朱希祖受其影響，「始留意於晚明史籍」，並以南明史為研究方向，朱希祖便開始全力聚書。

1924 年，他購得一部明抄本酈道元《水經注》，此書後經王國維鑑定，認為系自宋本抄出，而宋本現存已殘缺不全，故王氏「不得不推此本為第一（水經注諸版本）矣。」

朱希祖大喜過望，便以「酈亭」二字名其書房，又請了老師章太炎為之題署，從此他踏入藏書的行列。

朱希祖的藏書以明萬曆年間至南明的書籍為主，以史書、文集、奏議乃至古本、稿本為主要收藏目標。所以，他在這方面的專題藏書名聲大振，受到著名史學家顧頡剛的稱讚。至 1937 年，朱氏此類收藏已達七百餘種，多為抄本、稿本和古方志、筆記、雜著等，總量達到 25 萬餘冊。繆荃孫收藏的野史，也大多轉歸朱氏收藏。

朱希祖的藏書大部分收藏在北京。後為應付戰事，避免遭損，朱希祖將藏書分散到各處。大概在 1933 年以後，先郵運出七百六千多包善本到廣州，不久，他應聘中央大學後，便把它們轉運到南京來了。1937 年，朱希祖以戰事日迫，匆忙中只來得及裝運至凹下「戴東原藏書樓」，託其學生戴伯湖代為保管。從此，酈亭藏書便分散在京、寧、皖三處。

朱希祖在北京的老宅，是在新街口草場大坑 21 號（現在改稱四環胡同）。在南屋有五間房，基本堆滿了書。估計約有四至五萬

餘冊。其中有很珍貴版本、手抄本，都是他花大價錢購置的。朱希祖在抗戰時期，到重慶工作，北京的房產和藏書，由親戚張太太負責保管。

有一天日軍突然闖進來，態度蠻橫，竟說朱希祖住宅是「敵產」，要立刻全部沒收。張太太認為朱希祖的藏書，是祖國文化遺產，如日軍給予沒收，不僅是對朱希祖個人的損失，也是祖國文化典籍的毀滅。為此，張太太急得像熱鍋上螞蟻，不知所措。她知道周作人已經附逆，因他與朱希祖早年在日本東京時，曾受業於章太炎，有同窗之誼。因此，冒著生命危險，偷偷地拜訪了周作人。並將日軍要霸佔朱希祖的房產和珍貴的藏書一事，詳細告知，並請他看在老朋友的面子上，請他務必設法保護朱希祖的房產和珍貴的藏書。

據說，周作人沒有官架子，接見張太太時，非常客氣，並聲稱朱希祖是他多年老朋友，一定設法解決，盡可放心好了。張太太這才如釋重負，對周作人感謝不盡。張太太臨走時，周作人將她一直送到門外。

從此之後，日軍就沒有再來騷擾。朱希祖的房產和藏書，沒有遭到損失。顯然這完全是周作人從中給予幫助和保護的結果。

朱元春曾於去年 6 月間，到南京訪問我，順便談及此事，我覺得此事，不為人所知，便徵求她的同意，將周作人的善舉給予披露，以供學者研究周作人時參考。

卷五

魯迅專家的藏書

唐弢愛書、買書和藏書

　　唐弢先生是魯研界老前輩，他一生唯一愛好，就是買書和藏書。

　　1926 年，唐弢到上海，當時僅有十三歲，進中學後，就喜歡到舊書店淘書。據他回憶說：「當時上海賣書的地方除漢口路、福州路外，還有兩處：城隍廟和老西門。這兩處離我居住地方較遠，不過書價便宜，尤其是城隍廟。護龍橋附近有許多書攤，零本殘卷，遍地都是，只要花工夫尋找，總不會毫無所得。因此碰到星期天或是假日，只要身邊有一兩塊錢，我便常常到那兒訪書去。」

　　唐弢有一篇文章〈我和書〉，其中說：「提起書，幾乎可以說是和我的生命糾結在一起的。我在《書城八記》的第一記〈買書〉裏說：『我有目的地買書，開始於 1942 年。那時住在上海徐家匯。日本軍侵略上海，一天幾次警報，家家燒書，撕書，成批地當作廢紙賣書。目睹文化浩劫，實在心痛得很，於是發了狠：別人賣書，我偏買書……』說的是實情。不過我要來個聲明，這裏所謂『有目的』，是指別人賣出，我偏買進，有點存心對著幹的意思。」

　　阿英也是一位有名的藏書家，可是唐弢那時還不認識他。唐弢回憶說：「從城隍廟，老西門一直到卡德路，我常常遇見一位身穿長袍，腋下挾著幾本舊書的中年人，在攤旁留連，有時乾脆蹲在破紙堆邊，耐心地一本一本挑檢。記得有一次，在我翻過的舊書中間，他居然挑出一本《二十世紀大舞臺》來，這雜誌一共只出兩期，我暗暗佩服他的眼力。直到 1934 年 1 月的一次宴會上，我遇見他，

經主人介紹，才知道他就是鼎鼎大名寫過《死去了的阿Q時代》的錢杏邨先生。由於愛好相同，我們談得十分投機。」

「以後我們常有往來，直到他離開上海。他收藏清末材料極為豐富，我卻偏於『五四』以後，各有重點，互不相涉。我在上海成都路一個書攤上見到他《洪宣嬌》劇本手稿，攤主居為奇貨，幾經商量，終於出重金買了下來，到北京後送給他；他也為我找過光緒年間單印線裝本的王國維《靜庵文集》……」

唐弢與阿英，由於共同的愛好——愛書與買書，結成了書友。

解放以後，唐弢晚年居住北京，身體欠佳。他說：「我的工資除了應付家用外，每月還有兩大支出：一是買藥。雖說國家有保健制度，有些較貴的藥還得自己掏腰包。二是買書。我是做研究工作的，又愛書，不得不買。自從物價飛漲以來，兩者頗受限制，生病而無力買藥，做研究工作而無力買書，都是人間苦事。幸而這幾年來，我的病情逐漸好轉，有些藥可以不吃；書呢，舊書越來越少，等於沒有，新書自然也買一些，只是鑒別為難。」

唐弢先生一直到晚年，全然不顧年高體弱，仍然淘書不止。一次，他的門生在西單舊書店巧遇唐弢先生，便順口說了一句：「您又在挑書啊！」唐先生微笑著答道：「先買下來，以後慢慢看。」這位後生心裏明白，唐先生的「以後」恐怕已經沒有多少時間了，不禁感動得偷偷落下淚來……唐先生真是一位愛書如命的人！

唐弢先生從十三歲時起，就已開始買書，藏書，日復一日，年復一年，日積月累，終於成了一個中國現代文學各種版本的研究專家，獲得了「中國現代文學第一藏書家」的美稱。他的兩套住房都被書塞得滿滿的。常常有中外的文學家、研究家在他的書房裏找書看書——因為往往只有在他那兒才能找到外面沒有的書。

唐弢先生因病去世以後，唐弢夫人沈絜雲女士和他們的子女，為唐弢藏書尋找一個妥善的去處，讓它們儘量能得到良好的保護和充分的開發和利用。他們經過認真考察，反覆比較和討論，在六家大的單位中選中了中國現代文學館來承擔這一重任。簽署捐贈協議之後，中國現代文學館派了一支由五人組成的小組走進唐家。在2000年中用了兩個多月的時間來接收這批藏書，成立了以先生姓名來命名的專門文庫，叫「唐弢文庫」，又用了兩年時間進行編目，科學分類、鑑定和上架，終於查清了「唐弢文庫」的家底：共計有藏品四萬三千件，其中雜誌一萬六千七百件，圖書二萬六千三百件。

為了供學術單位、專家、學者研究方便，中國現代文學館特編輯《唐弢藏書目錄》於2003年出版，作為內部交流資料。

唐弢先生是我崇敬的魯迅研究專家，1987年間，我與他有過通信的交往。因為我也喜歡藏書。因此，我對他的藏書，也極為關注。但我未能訪問過他，關於他的藏書情況，未知其詳。

2003年《魯迅研究月刊》第7期上，我獲悉《唐弢藏書目錄》內部出版消息之後，立刻給中國現代文學館館長舒乙先生去了一信，信中介紹我在南京圖書館工作，與唐弢先生有過交往，希望把《唐弢藏書目錄》贈送我一部。大約一個月後，舒乙先生慨然將《唐弢藏書目錄》給我寄來。我如獲珍寶，使我萬分感激。並致信表示感謝。

《唐弢藏書目錄》十六開本，四百四十五頁，無論裝幀或是紙張，都極為考究、精緻。

舒乙先生為《唐弢藏書目錄》作序，其中將「唐弢文庫」的珍貴性作了四點介紹：

第一，它的雜誌收藏非常珍貴。一般的大圖書館收藏我國二十世紀前五十年的新文學專業的雜誌不過六七百種，總計起來千餘

種，而唐弢先生一人收了近千種。一些因政治封殺而只出版過一期、兩期、三期的進步文學刊物，唐弢先生也都有。可謂一網打盡，應有盡有，極其權威！

第二，它的初版本齊全。圖書貴在初版本，而我國因戰亂，革命、政治運動頻繁，圖書遭到嚴重損失，不到一百年，許多初版本已蕩然無存，遍找不見。舉個例子，郭沫若的《女神》，是 1921 年結集出版的郭氏第一個白話詩集，距今不過八十二年的歷史，初版本在全世界只找到三本。「唐弢文庫」裏各種名著的初版本應有盡有，很整齊，真是難能珍貴。

第三，它的毛邊本很多。毛邊本是魯迅先生特別珍愛的一種裝訂形式。他的一些著作出版時，他都特別囑咐，留下若干本在裝訂時不要切邊。他把這當作一種很有情趣的文人喜愛收藏的准文物，邊看邊自己手工裁開，其樂融融。為此魯迅先生自稱是「毛邊黨」。「唐弢文庫」中三四十年代的毛邊書居然有千種之眾，非常難得。

第四，孤本書、稀本書、絕版書在「唐弢文庫」中佔有相當的分量。這些書因其少而物以稀為貴，只能到「唐弢文庫」中去找，為文學研究提供了難得的原始依據。

根據著作的文學價值的重要性、出版年代、版次、裝幀特點、稀少程度、完好程度、有無簽名、有無題跋等七八項指標，將「唐弢文庫」中的圖書進行了文物級別認定，其中一級品即「國寶」級的圖書共有一百四十一種。

唐弢先生的藏書之豐之精，早已聞名天下。中國現代文學館是巴金先生倡議建立的中國現代文學資料中心、檔案中心和研究中心，負責徵集、保存、展示、研究我國 1919 年「五四」運動以來的新文學的全部創作成果。因此，巴金先生對唐弢藏書極為重視，

他一再告誡中國現代文學館的工作人員，一定要想辦法把唐弢先生的藏書保存在中國現代文學館，因為有了他的書就有了中國現代文學館的一半資料。由此可見唐弢藏書的珍貴價值，以及它的權威性和重要性。

戈寶權先生與書

　　戈寶權先生是我國傑出的外國文學研究家、翻譯家。他早在三十年代起，便開始翻譯和研究外國文學，歷經六十餘年，共出版譯著五十餘部。他對世界各國文化交流，有卓越的貢獻，在國內外享有盛譽。

　　我和戈老相識於 1982 年秋季，交往將近二十年，現在將他有關圖書事蹟，簡要介紹如下：

一、叔父的兩句話影響了一生

　　戈寶權 一生好學不倦，他經常以激動的心情，回憶叔父戈公振對他的啟蒙和教導。戈公振是我國新聞界的老前輩，知識淵博，為人正直，受到人們的尊敬。1945 年，戈寶權在重慶《新華日報》工作時，他初次與毛主席見面，毛主席說：「你是位俄國文學專家。」接著又問「戈公振是你什麼人？我讀過他著的《中國報學史》一書。」由此可見，戈公振的專著在當時影響非常深遠。

　　戈寶權在七、八歲時，由於他的叔父戈公振對他的啟發和開導，使他在童年時期，就養成了博覽群書的習慣。據說，他小時候，叔父送他一盒積木，這雖是極為普通的兒童玩具，可是在盒子上，叔父卻留下了意味深長的兩句話：房子是一塊磚頭一塊磚頭造成的；知識卻是一本書一本書讀成的。

叔父「博覽群書」的種子，播在戈寶權幼小心田裏，開始萌芽、成長，使他逐漸愛起書來。他愛書就像魚離不開水一樣，不讀書，簡直不能生存。據戈寶權夫人梁培蘭回憶說，戈寶權青年時期在上海，儘管生活很困難，他節衣縮食，還是買了不少書。在十年浩劫中，即使給僅有二十五元的生活費，可是他還要節省一部分錢，用來買書讀。

1935 年春，戈寶權在莫斯科，當時他才二十歲出頭，已是愛書成癖了。經常聽到他朗誦普希金的詩句。另外，他與耿濟之經常到舊書店購俄國文學書籍。據說，那時買書要自己登上梯子爬到天花板下書架上搜尋；有時又要趴在地上往書架底下搜羅。他的摯友冒效魯曾戲說，他真可謂「上窮碧落下黃泉」了。莫斯科天寒地凍而路滑，戈寶權因兩手提兩大包書而借力滑行。可見他愛書之情。

二、超常的愛書行為

戈寶權常常提到高爾基的名言：「書是知識的源泉。」他不但喜歡看書，還特別愛護書，在他收藏的三十年代文藝書中，有不少毛邊書，至今完整無損。而且在書的後頁空白處，用清秀的字體注明書的來歷，有不少書還記載什麼人寄贈給他的。

梁培蘭回憶說，戈寶權買書還有一個習慣，回到家裏，不管書有多厚，他先逐頁翻下去，看看有無破損或顛倒、缺頁，一經發現後，就立刻跑到書店請求調換，可見他多麼愛書了。

戈寶權的記憶力很好，在他收藏的數萬冊書中，哪一本他都能說出書的來歷。我在南京圖書館工作，他把書贈送南圖時，我榮幸地參與整理他的藏書，且把珍貴的版本挑選出來。可是他到藏書室

一看，立刻將一部紅色封面的《魯迅書簡》取下來，要求另放一處。我打開書一看，原來是景宋（許廣平）親筆簽名贈送給他的。那時他已七十多歲了，還記得一清二楚。他對數萬冊藏書的來龍去脈，都瞭若指掌，真是到了「如數家珍」的程度。

由於種種原因，戈寶權藏書曾多次遭到損失，但他從不灰心，就像蜘蛛一樣，忽然遭到無情的風雨把網摧毀，可是它頑強補綴，再補綴，終於把網結成了。戈寶權有蜘蛛一般的毅力，在他辛勤努力下，空著的書架上，又慢慢地被書填補起來。

三、戈寶權的「萬卷書齋」

戈寶權把自己藏書室名為「萬卷書齋」，這不僅說明他藏書多，而且還有更深的含義。

戈寶權一向主張多讀書，廣見聞，他說：「中國有句老話：『讀萬卷書，行萬里路』。不讀書，知識得不到。不讀書，知識面不會廣。行萬里路，可以擴大自己的眼界，豐富感性知識。徐霞客登五嶽後說『五嶽歸來不看山』，到黃山後又說『黃山歸來不看嶽』，就是這個道理。」

多年來，戈寶權研究俄國、蘇聯和東歐各國的文學，因此在他藏書中，除俄文外，還有英、法、烏克蘭、波、捷、匈、羅、保，以及日本等十多種文字的書籍。

在俄文中，他收藏有十九世紀俄國文學名家的文集和有關研究論著，其中有普希金、萊蒙托夫等大詩人的文集多種，其中又以研究普希金的專著最豐富。在俄國革命民主主義著作家中，他收藏有別林斯基、車爾尼雪夫斯基、杜勃羅留波夫等人的全集。

　　在他藏書中，有不少是蘇聯名作家親自簽名贈送的，其中有法捷耶夫、列昂諾夫、愛倫堡、西蒙諾夫、蘇爾科夫、吉洪諾夫、伊薩科夫斯基、特瓦爾多夫斯基直至葉甫圖申科等人的著作。此外，蘇聯二、三十年代出版的珍本圖書和有關俄國和蘇聯的美術、戲劇、音樂等藝術方面的圖書他也收藏多種。

　　在東歐國家的文學中，如波蘭大詩人密茨凱維奇、斯沃瓦斯基、捷克名作家聶姆曹娃、伊拉塞克、匈牙利大詩人裴多菲，羅馬尼亞大詩人愛明內斯庫、保加利亞名作家波特夫、伐佐夫等人的全集、文集和詩集等，戈老也都有收藏。

　　在戈寶權藏書中，最珍貴的是他五十年來精心收集的一套九十一卷本的俄文版《托爾斯泰全集》。

　　戈寶權喜愛托爾斯泰著作的歷史很悠久，據梁培蘭回憶說，在1923 年，當時戈寶權剛滿十歲，他收到叔父戈公振從上海寄來一套由唐小圃編譯的《托爾斯泰兒童文學類編》，在第一本扉頁上寫著：「寶權侄覽，公振寄。一九二三年三月二十八日。」七十多年過去了，直到今日這套書還珍藏在戈寶權的書櫃中。他非常喜愛這套書。他說：「不僅因為封面上有叔父的題字，同時還因為這套書為我打開了第一扇面向外國文學的窗戶，也是我最初接觸到的俄國文學，更何況是俄國大文豪托爾斯泰呢！」

　　此外，戈寶權先生在長期從事著譯的過程中，他和我國許多著名作家都有交往，郭沫若、茅盾、巴金、鄒韜奮、曹靖華、曹禺、唐弢、馮至、臧克家、艾青、蕭三、蕭軍、靳以和丁景唐等人親筆簽名贈送給他的書就有數十種。

　　戈寶權的「萬卷書齋」，不僅珍貴圖書多，而且還具有文物價值。

四、捐獻圖書——「化一人之樂為萬人之樂」

戈寶權是江蘇省東台人，他熱愛家鄉，為了嘉惠學者，他將五十年來收集和珍藏的兩萬卷中外圖書，捐獻給南京圖書館。1986年7月5日，在南京圖書館隆重舉辦贈書儀式，江蘇學術單位和外地學者近百人參加盛會。

戈寶權在會上作了答謝發言：「我和我的愛人都是江蘇人，我們對家鄉都懷有深厚的感情！近幾年來常回到江蘇來看望父老鄉親，每次回來都為家鄉的巨大變化而感到歡欣鼓舞。不僅蘇南呈現一片欣欣向榮的景象，就是一向較為落後的蘇北，現在也有了突飛猛進的發展，我的家鄉東台縣也不例外。面對家鄉這種蓬勃發展的局面，激起我要為江蘇省的兩個文明建設做點貢獻的感情和願望。現在決定向江蘇省捐獻我幾十年來的藏書，就是出自熱愛家鄉和回報家鄉對我們培育之恩。」

這次盛會還收到外地有關單位寄來賀電、賀信。王子野先生還寄來親筆寫的條幅，上面寫的是：「化一人之樂為萬人之樂」——它生動、具體地讚揚戈寶權嘉惠學人的偉大精神。

1990年，戈老在醫院被診斷為患帕金森氏綜合症。延至2000年5月15日清晨病情惡化，搶救無效在南京去世，終年八十歲。

梁培蘭為了紀念戈老，編輯出版《戈寶權紀念文集》和《戈寶權畫冊》。其中有國家領導人江澤民和李鵬等人親筆題辭。江澤民主席題辭是「文化和友誼的使者」，對戈老一生業績，作了充分肯定。

關於孫用的藏書及其他

　　孫用原名卜成中，浙江杭州人。早年因家境貧寒，十八歲時便在杭州郵局任檢信生，業餘從事翻譯工作。他經常向魯迅編輯的刊物《奔流》投稿，得到魯迅的支持和關懷。1928 年，孫用得到匈牙利愛國詩人裴多菲的長詩〈勇敢的約翰〉的世界語譯本，如獲至寶，立刻在一年左右的業餘時間中把它譯出來。他將譯稿寄給魯迅，在魯迅大力支持下，終於在 1931 年由上海湖風書局出版。魯迅自 1929 年 1 月開始，前後寫給孫用十四封信，其中有十封是關於翻譯裴多菲長詩〈勇敢的約翰〉的。在該書出版過程中，魯迅為之修改、校稿、作校閱後記、設計版式、選擇插圖，以及墊付稿酬。魯迅為培養他成長，確實花費不少精力和時間。遺憾的是，孫用與魯迅始終未見過面。二十年後，孫用在《浙江日報》上發表〈感情的負債〉，其中說：「〈勇敢的約翰〉……是我的最早的譯文，沒有魯迅先生，它是不能出版的，……為這後進的譯者，為這生硬的譯文，魯迅先生是給予了怎樣的鼓勵，竭盡了怎樣的心力啊！」

　　孫用先生知識淵博、治學嚴謹，對人寬厚，得到人們的尊敬。我搜集魯迅先生資料已有五十餘年，結識魯迅研究專家很多，例如，唐弢、王士菁、丁景唐、李霽野、戈寶權、孫昌熙、許傑、聶紺弩等前輩，我都有過交往。遺憾的是，我與孫用先生不但未見過面，連書信也未有過往來。儘管如此，我卻意外地結識了孫用先生的長女孫亦芬。孫亦芬在南京鼓樓區政協辦公室任秘書。鼓樓是南

京文人薈萃的地區，歷史古跡很多，為了宣傳鼓樓文物遺跡，政協辦公室特編輯《鼓樓文史》，我被邀為特約撰稿人，每次開會都由孫亦芬接待。有一次，我拿著一份《週末》報，上面刊登我一篇有關魯迅的文章，孫亦芬看到了，便對我說，她父親也是研究魯迅的，我大吃一驚，認識她多年，我第一次知道她便是孫用先生的長女。她曾多次向我提到有關孫用的軼事，使我對孫用的治學和為人的高尚有了進一步瞭解。

　　據孫亦芬說，她父親從不吸煙，酒量極好，但從不貪杯。她父親只有一件喜好，那就是愛書，愛的程度可用「嗜書如命」來形容。她記得小時候，每到發工資時，父親把工資如數交給母親，母親再拿二十元錢給父親做零用。這些零用錢（相當工資的十分之一），她父親都無例外地用來買書。全家去逛街，母親去百貨店，父親卻去書店，據說，孫亦芬大多時間都跟隨父親逛書店，北京王府井、東安市場、東單一帶的舊書店是她父親經常光顧的地方，這些店主也都認識「孫先生」，經常介紹些書給他，他也從不空手而歸。每每買到心愛的書，總是愛不釋手地翻閱，小心翼翼的樣子，就像捧著心愛的瓷器一樣。有時她父親帶的錢不夠，就向母親預支下月的零用錢，有時掙到外快（稿費），母親也就破例多給一些。1952 年，孫用全家隨人民文學出版社魯迅著作編輯室遷到北京。隨著歲月的增長，孫用的藏書也漸具規模，到六十年代初，全家五口人，住三間房（無廳），專門有一間房作為書房，四壁都是書架。因為書多，不是一本本排列，而是一包包捆起來，直堆到天花板。每包書側都插一白紙片，用英文字母標明分類。孫亦芬記得小時候，不論問什麼問題，她父親都有詳盡的回答，並從書房中找出相關的書指給她看。

孫用藏書的豐富是出了名的。有不少朋友向他來借書，他都慷慨借出。碰到對方沒有及時歸還，他便為此焦急，又不好意思催促，天天和妻子嘀咕，書怎麼還不歸還呢？直到別人把書還來，他才放下心來。由此可見他愛書的心切。有時候，碰到別人需要他的書，他就極大方地先人後己，把書送給人家，而自己再去買一本。人民文學出版社社長陳早春經常向他請教魯迅研究方面的問題，他也經常從書房中找出書來借給他。另外，馮雪峰、樓適夷、蕭乾等人都是他的密友，在書的交往上也極為密切。

另外值得一提的，是孫用對朱正的熱情幫助。朱正是一位年輕並很有才華的魯迅史料專家，不幸的是被錯誤劃成「右派」，在政治上遭受迫害，抄過家、坐過牢房。在文革中，朱正到北京上訪，無人可投靠，後經馮雪峰介紹找到孫用，他二話沒說，毫不猶豫留宿供飯，提供幫助。朱正的《魯迅回憶錄正誤》一書，就是在孫用大力支持下修改後出版的。朱正曾撰文回憶說：「經過三番兩次的折騰，那時我除了還保存了一部十卷本的《魯迅全集》之外，其他圖書資料幾乎蕩然無存，又弄不到借書證，無法去借圖書館的書。沒有資料怎麼能考證呢？這時雪裏送炭的是孫用同志。不但凡是我要借什麼書都有求必應，許多我根本不知道的材料都源源給我寄來。《新文學史料》的最初幾本，《魯迅研究資料》的最初幾本，都是他寄贈的。他是魯迅研究室的顧問，魯研室常寄一些上面寫著『僅供參考，請勿外傳』的列印材料給他。他以為朱正並不是外人，這些材料也就大都傳到我這裏來參考一下。」（引自《思想的風景——朱正隨筆》）

朱正經常去孫用家訪問，大約每星期他總要到他家裏看望一兩回。因為去久了，他有一種獨特的感覺，那就是「孫用同志家裏的

東西是不能稱讚的」。有一回他稱讚了茶葉好，臨走的時候孫用就裝好一瓶茶葉叫他帶走。一次他用亦芬從南京寄給他的糖果款待他，朱正說了一句在北京沒見過，孫用就一定要朱正帶走一包。有一回朱正在他桌上看見南京師範學院編印的《文教資料簡報》，說這刊物編得不錯，有些材料有用。後來，朱正去他家時，他就常常顫巍巍地打開書櫃，把新到的《簡報》拿給他。孫用先生於 1983 年 10 月因病去世，朱正為此去看望師母，她把一本新寄到的《簡報》遞給朱正，說：「這是他為你訂的。」朱正接過來，心裏一陣溫暖、悲哀、悵惘⋯⋯真是百感交集，含著熱淚，不知說什麼才好。後來，朱正寫了一篇紀念孫用的悼文，最後說：「作為一個文學翻譯家和魯迅研究專家，他的成就也許是可以企及的，但是他的完美的人格，他的崇高的道德面貌，卻是不多見的。這也許是他留給我們最可寶貴的遺產，最值得我們學習的地方吧！」

孫用先生曾參加《魯迅全集》十卷本和十六卷本的注釋出版工作。在注釋組遇到疑難問題時，孫用先生就提供自己的藏書和他掌握的有關資料，使各種難題得以順利解決。王仰晨在〈魯迅著作出版工作的十年〉一文中，對孫用的貢獻給予肯定，其中說：「已退休的孫用同志也是參加過十卷本注釋本注釋工作的老專家，在魯迅著作的校勘方面曾作過不可磨滅的貢獻，這時雖已年近八旬，而且患有嚴重的高血壓和白內障，也仍然熱情地協助我們的工作，不斷地為我們提供資料或解答疑難，並校訂了《譯文序跋集》，這都是十分感人的。」（見《魯迅研究月刊》1999 年第 11 期）

孫用在校勘魯迅著作過程中頗有心得，他寫了一篇〈魯迅著譯校讀瑣記〉，曾連續發表在《新港》雜誌上，其中說：「魯迅的著譯，在編成集子以前，極大部分在當時的報刊上發表過，將這最初發表

的和後來集印的兩種文字對勘起來，就往往發見許多不同之處，這些不同，是魯迅經過『寫完之後，加以增刪』以後的又一次改動了。這樣的改動不但更有力地說明了作者的認真寫作態度，而且尤其是學習者的最好範本。」孫用在 1982 年 6 月，曾在湖南人民出版社出版〈《魯迅全集》校讀記〉一書，這是他對魯迅著作校勘方面的卓越成果。

孫用先生所以能在校勘魯迅著作中作出貢獻，毫無疑問，是他珍貴的藏書和有關魯迅的資料，發揮很大作用。

關於孫用的藏書，據孫亦芬告知，他父親除收藏英文和世界語的文學書之外，在中文方面，主要是有關魯迅著作的各種版本，既有初版本，也有各次再版本，極為豐富，大約有一萬餘冊。這不僅數量多，從內容看，也是頗具特色的。我多年搜集魯迅資料，因此，對孫用的藏書和資料極為關注，我曾向孫亦芬詢問她父親藏書的下落。她說，父親生前曾有過考慮，因為他是杭州人，為了報答故鄉養育之恩，準備將多年積累的珍貴藏書，贈送給杭州浙江圖書館。1983 年 10 月，孫用先生因病突然去世，當時來不及討論他的後事。加之適逢人民文學出版社出版《魯迅全集》，缺少魯迅著作各種版本和有關資料，孫用又在這裏工作多年，於是，孫亦芬和她母親商量，終於決定無償將孫用的珍貴藏書和有關魯迅研究資料全部贈送給人民文學出版社。事後覺得，當時也沒有拿下幾本書作為紀念，又沒有完成父親生前贈書的心願，對此深表惋惜和遺憾。

民國藏書大家朱希祖

　　朱希祖是我國著名史學家，原名朱同祖，字吉甫，號逷先，浙江海鹽人。生於 1879 年，其家為當地郡望。1905 年，朱希祖二十六歲時考取官費留學名額，赴日本東京早稻田大學學習「史地」。後與魯迅、周作人等人受業於章太炎門下，學習《說文解字》等，成績顯著，得到章太炎先生的器重。

　　朱希祖學成回國後，於 1913 年被北京大學聘為史學系教員，不久又升為史學系系主任。後入中央研究院歷史語言研究所任研究員，於 1933 年南下廣州任中山大學文史研究室主任；1934 年又被南京中央大學聘為歷史系主任。抗戰爆發後，他被任命為國史館籌備委員會總幹事、考試院考選員。1944 年 7 月 5 日，朱希祖積勞成疾，患嚴重哮喘併發肺氣腫於重慶逝世。

　　關於朱希祖事蹟，因介紹者不多，青年人固然對他不太瞭解，即使老年人，有的也不盡知悉，為此，撰寫其軼事，以便讓更多人瞭解他。

一、他的家是一個「文藝沙龍」

　　朱希祖家的客人非常多，據其長子朱偰回憶說：「我父親在北京大學擔任教授，他的交遊頗廣，在北京的起初十年，幾乎『座上客常滿，樽中酒不空』，高談闊論的，盡是一些通儒碩學。那是一

個道道地地的高級知識份子社會，是一個『文藝沙龍』，我耳聞目睹，當然也間接接受他們的影響。」

朱偰原為江蘇省文化局副局長，寫過不少回憶錄，其中有一篇〈我家的座上客〉。「文革」之後，朱偰所寫回憶錄被全部退還給朱偰家屬，據朱偰長女朱元春說：「這篇父親遺作〈我家的座上客〉，是父親在『文革』隔離審查時極其困苦的境遇下，用『革命造反派』的油印傳單紙的反面寫的回憶錄的補充章節。本來紙質很差，平反後發還時更是殘破不堪，但字跡工整。」

朱偰的〈我家的座上客〉文中披露不少朱希祖的鮮為人知的事。

章太炎是朱希祖的老師，他是民國初年被袁世凱監視的人物之一，輕易不太露面。有一次他在弟子的前呼後擁中來到朱希祖家，還帶了他的兩位女公子同來。章先生穿著玄色長袍馬褂，端坐在客廳中間，章門弟子對他都非常恭敬，那是純粹出於敬愛。因為他的女公子也來了，朱偰母親就出去招待。那時朱偰二弟還不過四五歲，從客廳門外探頭向裏望，看到了章太炎，於是拉著母親的衣裙，稚氣地問道：「那中間坐著的，是皇帝吧？」客人走後母親告訴大家，惹得大家哄堂大笑。

陳獨秀那時在北京大學擔任文科學長，也到朱希祖家來吃過飯。朱希祖請他上座，談論辦《新青年》的事情。朱偰母親偷偷地去看了一下，見陳獨秀說話的時候先挺一挺眉毛，眉宇之間有一股殺氣。客人走了之後，朱偰母親對朱希祖說道：「這人有點像綠林好漢，不是好相與的。你怎麼同這些人打起交道來了！」後來陳獨秀因提倡共產主義，鼓吹社會革命，在「新世界」七層樓上散發傳單被捕下獄。朱偰母親聽說了，又對朱希祖說道：「怎麼樣，我說

的不錯吧，勸你以後還是少同這些人來往吧！」朱希祖笑了笑，沒有同她進行分辯。

胡適初回國任教時，在北大還是未學新進，因得到蔡元培先生的賞識，所以步步高升。後來又以提倡白話文得名，一直做到文學院院長。據朱偰回憶說，胡適也常到朱希祖家中來，看看他父親的藏書，談談版本。但朱希祖不大看得起他，批評他的《中國哲學史大綱》寫得膚淺，而且肯定地說，他出了中卷以後，下卷是寫不下去了，因為他既不懂佛學，又不懂宋、明理學。果然，胡適的《中國哲學史大綱》勉強出到中卷為止，下卷始終沒有能夠出版。

二、在艱難困苦中收集史籍

朱希祖不僅是傑出的史學家，也是知名的藏書家。他收集南明史籍，在當時擁有「全國公私第一」的美稱。上世紀八十年代臺灣學者蘇精著書，就將朱希祖列為近代藏書三十家之一。

朱希祖開始藏書，大致始於他在日本求學時期。當時章太炎鼓吹革命，倡導反清，便熱衷於收集並翻印明末抗清志士的文集。朱希祖受其影響，「始留意於晚明史籍」，並以南明史為研究方向。朱希祖在這時便開始全力聚書。

1924 年，朱希祖購得一部明抄本酈道元《水經注》，此書後經王國維鑑定，認為係自宋本抄出，而宋本現存已殘缺不全，故王氏「不得不推此本為第一（水經注諸版本）矣」。朱希祖得之大喜過望，便以「酈亭」二字名其書房。又請老師章太炎為之題署，他從此踏入藏書家的行列。

　　朱希祖的藏書，以明萬曆年間至南明的書籍為主，以史書、文集、奏議乃至古本、稿本為主要收藏目標。故他在這方面的專題藏書，曾受到著名史學家顧頡剛的稱讚。至 1937 年，朱氏此類收藏已達七百餘種，多為抄本、稿本和古本方志、筆記、雜著等，總量達到二十五萬餘冊。繆荃孫收藏的野史，也大多轉歸朱希祖收藏。

　　朱希祖的藏書大部分收藏在北京。後為避免因戰事而遭損，他將書分散到各處。大概在 1933 年以後，先郵運出七百六十多包善本到廣州。不久，他應聘中央大學後，便把它們轉運到南京來了。1937 年，朱希祖因戰事日迫，匆忙中只來得及裝運六十大箱善本和方志圖書，由十輛卡車經安徽宣城至屯溪，再用船轉運至凹下「戴東原藏書樓」，託其學生戴伯瑚代為保管。從此，酈亭藏書便分散在京、寧、皖三處。

　　1943 年底，他接受長子朱偰的建議，決定將所有藏書集中起來，仿照天一閣把藏書作為家族公產的先例，成立「酈亭圖書館」。遺憾的是朱希祖未能實現宏願，已於 1944 年 7 月 5 日病逝於重慶。

　　回顧朱希祖一生聚書，始於日本求學時代，到北京執教後，更是南北奔走，東西驅馳，節衣縮食，以求善本。藏書家倫哲如著文說：「海鹽朱逷先希祖，購書力最豪，當意者不吝值，嘗歲晚攜巨金周歷書店，左右採掇，悉付以現。又當願以值付書店，俟取償於書。故君所得多佳本，自大圖書館以至私家，無能與君爭者。」

　　朱希祖孫子朱元曙對以上所說，感到略有出入，他補充說：「先生一教授耳，哪來巨金，又何能『悉付以現』？我手頭有一份希祖先生附在日記裏的帳單：

　　1929 年 2 月 4 日，本日先生連薪金加稿費共收入 458.8 元，支付 31 家書店欠債 527.25 元。2 月 9 日日記寫道：『（今日）陰曆除

夕，上午 8 時起，各書店前來索書債，約二十餘家，一一付給。』在他日記裏也常有『書價太巨，未購』的記載。不過倫哲如先生說，『自大圖書館以至私家，無能與君爭者』，倒也基本是事實。」

朱希祖每月收入，有一半以上用於購書，但他自己的生活卻十分簡樸。他除藏書和學問外，真是身無長物。

中國的私家藏書，總逃不出散失的結局。朱希祖對此深有感觸，為了避免這種下場，他認為送圖書館是比較好的辦法。他說：「藏書之人能自籀讀以終其身可矣。子孫能繼起則遺子孫，否則，可送圖書館，猶得貽令名於不朽也。」

三、藏書的下落

後來這批經戰火而劫後餘生的藏書，果真由其長子朱偰捐給了南北兩大圖書館：一為北京國家圖書館，一為南京圖書館。

捐書的過程是這樣的：1950 年 10 月 21 日，由柳亞子出面，與朱偰商議，徵集南明史料，希望將朱希祖所藏南明史料捐給國家。朱偰慨然允之，親手將家中所藏南明史料中最珍貴的部分，裝了五大箱，交與柳亞子，但也希望政府協助遷回父親的遺骨。亞子先生答應轉呈周恩來總理，由政府安排遷回安葬事宜。於是朱希祖所藏南明史料之最珍貴部分全部捐贈給北京圖書館。

到了六十年代，北京圖書館又與朱偰聯繫，希望其將保存下來的希祖先生的酈亭藏書全部捐給國家。江蘇方面聽說此事，也與朱偰協商，希望這批藏書能留在南京。本著中央不與地方爭利的原則，北京方面放棄，於是，這批藏書最後捐與了南京圖書館。

　　捐書之後，「南圖」並未立即將書全部運走，不久「文革」開始，「紅衛兵」抄家，並大肆燒書。1966 年 8 月 26 日，南京圖書館「造反派」、「紅尖兵」和南京工學院「紅衛兵」在朱偰家中整整燒了半天書，一時火光沖天。雖然朱偰再三阻止，聲稱此書已捐給國家，是國家的財產，但不起任何作用，損失不小，幸得「南圖」領導派人阻止，才避免更大的損失。事後「南圖」也用抄家的方式，把剩下的書全部運至「南圖」，同時也抄走了朱家字畫和不屬於捐贈範圍內的其他書籍，以及朱氏父子的全部日記、手稿、筆記等。

　　書運走後，朱偰房中園中，滿地狼藉。朱偰對此深感悵惘和憤懣，滿臉陰雲。一件義舉，卻以罪犯抄家的形式作了最後了結。近代知名藏書家竟遭此厄運，使人唏噓不已。

魯迅與「八千卷樓」藏書

　　清末有四個大藏書家，即：杭州丁丙的「八千卷樓」、浙江陸心源的「皕宋樓」、常熟瞿鏞的「鐵琴銅劍樓」和聊城楊紹和的「海源閣」。

　　丁丙的「八千卷樓」為四大藏書家之首。該書主人，姓丁名丙，字嘉魚，別字松生，錢塘人，生於道光年間，卒於光緒二十五年。

　　八千卷樓原在杭州梅東里。因丁丙生前經商失敗，他的後人沒有錢償還公款，便將八千卷樓藏書全部賣給官家。當時負責收買的，是清朝兩江總督端方。光緒三十四（1908）年，端方在南京奏請清廷創設江南圖書館，地點在南京龍蟠里的惜陰書院舊址，以丁氏嘉惠堂八千卷樓藏書為基礎，興起書樓，並指定專款，增購新舊圖書，正式對外借閱。該館是我國最早的公共圖書館。

　　江南圖書館在辛亥革命之後，多次易名，直到 1929 年才更名為江蘇省立國學圖書館。

　　魯迅先生於 1912 年 2 月下旬，應蔡元培的邀請，到南京臨時政府教育部工作。因為教育部正在草創時期，工作並不太忙，魯迅先生便經常去龍蟠里江南圖書館借閱古籍。據蔡元培回憶說：「先生進教育部以後，我們始常常見面。在南京時，先生於辦公之暇，常與許君季茀影抄從圖書館借來的善本書……」。（蔡元培〈記魯迅先生軼事〉）

　　許季茀即魯迅摯友許壽裳，他們經常去江南圖書館看書。

　　魯迅先生對丁丙的「八千卷樓」藏書極為讚賞，因為珍本極為豐富，除宋、元、明各種版本外，尚有名人批校及為世罕見的鈔稿珍本。此外，丁松生還大量收集了前代藏書家所散失的珍本，像范欽的天一閣、毛晉的汲古閣，黃居中的千頃堂，鮑廷博的知不足齋，以及錢曾的述古堂，等等，不下三四十家。這些珍藏秘本，少的一二種，多的竟有好幾百種，真可以說集藏書家珍本之大成了。

　　魯迅先生在江南圖書館，曾經借抄過清孫志祖增訂的姚之駰輯本《謝氏後漢書補逸》一書。抄完之後，並作了說明，該文稿從未發表過。1938 年和 1941 年編輯出版《魯迅全集》和《魯迅三十年集》時，許廣平同志說這部手稿「至今未見」，故未能入集。直到1979 年 2 月出版的《魯迅研究資料》第 3 輯上，才首次刊出。為了說明魯迅與「八千卷樓」藏書的關係，現抄錄如下：

　　　《謝氏後漢書補逸》五卷　　何夢華藏書　　錢唐丁氏善本書室藏書　　今在江南圖書館

　　　錢唐姚之駰輯，後學孫志祖增訂。前有嘉慶七年蕭山汪輝祖序云，「案吳淑進注《事類賦》狀在淳化時，已稱謝書遺逸。王應麟《困學記聞》云：謝承，父嬰，為尚書侍郎。原注謝承《後漢書》見《文選》注。是謝書在宋時已無傳本。康熙間，姚氏之駰撰《後漢書考逸》，中有謝書四卷；孫頤谷先生重加纂集，凡姚採者一一著其出處，誤者正，略者補，復以范書參訂同異，其未採者別為續輯一卷。證引精博，可謂偉平功臣矣。」又歸安嚴元照序云，「謝書於忠義隱逸，蒐羅最備，不以名位為限，其所以發潛德幽光者，蔚宗不及也。」又有之駰原序。是書為夢華鈔本，有「錢唐何元錫字

敬祉號夢華又號蟪隱」，又「布衣暖菜根香讀書滋味長」兩
印。壬子四月，假江南圖書館藏本寫出，初五日起，初九日
訖，凡五日。

在江南圖書館，給魯迅先生得益最多的，是《沈下賢文集》。
該書著者是唐朝進士沈亞之（字下賢），他是吳興人，生卒年已無
法可查，只知道他在西元八二五年前後還在世。這本文集，除雜文
十一卷，還有詩一卷，傳奇數篇。他的詩自成一格，唐朝著名詩人
杜牧、李商隱等人都曾摹擬過。詩僅存十八首。傳奇計有《湘中怨
辭》、《異夢錄》，《秦夢記》等，都是唐代傳奇中優異之作，後收入
《太平廣記》一書中。

魯迅先生認為這三篇傳奇都很好，便借江南圖書館藏書輯錄下
來，並編入《唐宋傳奇集》一書中。

據魯迅〈《唐宋傳奇集》稗邊小綴〉一文中記載，這三篇傳奇，
亦並見《太平廣記》，但字句往往與《沈下賢文集》不同，而魯迅
輯錄的，卻是據《沈集》錄之。

《沈下賢文集》版本不一，魯迅所知道的，有「長沙葉氏觀古
堂刻本，及上海涵芬樓影印本。」而魯迅所見的，卻是「影鈔小草
齋本。」

魯迅先生校訂版本非常認真，他認為「同是十二卷本《沈集》，
而字句復頗有異同」，於是「以丁氏八千卷樓鈔本校改數字」。

1952 年，國學圖書館整個並歸於南京圖書館。八千卷樓藏書並
未損失，該館為了妥善珍藏，已把八千卷樓藏書由龍蟠里遷移頤和
路古籍部。為了保存該樓藏書的歷史性，南京圖書館特闢專庫庋
藏，故讀者可看到丁氏收藏珍籍的原來面貌。

　　1912 年 4 月初，南京革命臨時政府的參議院議決政府遷往北京，教育部也隨遷北上。該年四月中旬魯迅先生與許壽裳回紹興老家一趟，隨後在 5 月初，取道海路直接去北京了。

　　魯迅先生在南京教育部工作，前後僅有兩個月左右，這段事蹟卻很少有人記載。魯迅在這兩個月中，我認為值得記載的，是魯迅先生利用江南圖書館的「八千卷樓」藏書，整理和校輯了中國古典著作，並作出了傑出的貢獻。但提到此事的，也僅僅是許壽裳的〈亡友魯迅印象記〉中的寥寥數語而已。

　　為了進一步瞭解實況，我多次訪問江南圖書館遺址。遺址在南京風景區清涼山下，對面有烏龍潭。相傳，唐代著名書法家顏真卿曾在此置放生池烏龍潭，環境幽雅安靜，確實是一個讀書的好環境。

　　江南圖書館是古式建築，藏書樓共有二幢，計四十四間。它結構堅固，外觀樸實、典雅、大方。樓前有兩棵近百年的銀杏樹，春後綠樹成蔭，院中還有蒼勁多姿的松樹把這裏點綴得分外美麗。

　　1980 年 9 月，海嬰同志還親自訪問了江南圖書館遺址，並拍了數張江南圖書館遺址照片留作紀念。

　　另外，我又查閱了魯迅先生當年看過的《沈下賢文集》。這部珍籍，不僅是「八千卷樓」馳名中外的藏書，而且是偉大文學家魯迅先生親自翻閱過的，更增添了它的光彩。

　　南京圖書館珍藏的《沈下賢文集》共有三種版本，即《影明謝氏小草齋鈔本》（善甲）、《黑格鈔本》（善乙）和《葉氏觀古堂刻本》。魯迅看的《小草齋鈔本》，是這裏最珍貴的一種，已經裝箱珍藏。我借閱此書，很費一番周折，始能一見。該鈔本是黑格，分上下兩冊，共十二卷，筆跡工整秀麗，確實使人愛不釋手。

丁丙根據藏書，編輯一部《善本書藏書志》，共分裝八冊。據該志所記，《沈下賢文集》十二卷，明謝氏小草齋鈔本，原為周櫟園的藏書，周櫟園又名周亮工，字元亮，生於明萬曆四十年，卒於康熙十一年。他是崇禎庚寅進士，後入清官戶部右侍郎。他喜愛古書字畫，也是一個著名的藏書家。

丁丙在《藏書志》中介紹《小草齋鈔本》說：「前有無名氏元祐丙寅十月一日序云：『公諱亞之，字下賢，吳興人。元和十年登進士第，歷辟藩府。嘗遊韓愈門，李賀許其工為情語。其後杜牧、李商隱俱有擬沈下賢詩，則當時聲稱甚盛，而存於今者，舛錯為謬，脫文漏句，十有二三。頃得善本，再加校讎，因命工刻鏤』云云。自來藏書家，皆屬寫本。惟見朱氏『結一廬』，有一明刊者，此為小草齋鈔本，必同時傳錄。目錄外又有每卷之目，接於本文，猶存舊式。後錄《文獻通考》一則，萬曆丙午徐渤一跋云鈔自焦太史者，有謝在杭家藏書長印，周亮工印，曾為大梁周氏所藏，夢廬借觀諸印。周亮工，字元亮，號櫟園，祥符（今河南開封）人。崇禎庚寅進士。入國朝，官戶部侍郎，著有《賴古堂集》。」（該志無標點，現為筆者所加）

我們從丁丙的《藏書志》中的介紹，可以瞭解到《小草齋鈔本》的《沈下賢文集》的概況。

清代陸心源的「皕宋樓」藏書，已被日本全部購買，並運往日本，這是極大的損失。而「八千卷樓」藏書，雖歷經滄桑，幸能保存至今。「八千卷樓」藏書，為南京這一文化古都，增添了異彩。

搜集有關魯迅專著五十年

——歷經艱辛，喜獲成果

　　由於崇敬魯迅，我喜歡閱讀魯迅作品。抗戰時候，我經常在重慶米亭子舊書店淘舊書，留下了數不清的腳印。抗戰勝利後，在南京夫子廟、上海舊書店、蘇州觀前街，我都曾經去過。買了不少魯迅原著毛邊書，如《吶喊》、《彷徨》、《野草》、《二心集》、《南腔北調集》、《三閑集》、《華蓋集》等雜文集，日積月累，竟有近百本之多。

　　陳夢熊是我多年老朋友，他是資深魯迅研究專家，曾到我舍間訪問。他看到我收藏有關魯迅專著非常豐富，尤其是魯迅原著版本，認為極為珍貴，連呼「大飽眼福」。

　　六十年代以後，魯迅舊版圖書，已不易見到，我便搜集有關研究魯迅專著，其中《魯迅傳》計有十餘種，各種《魯迅年譜》五種，《魯迅故家》，除周作人和周建人所著的之外，還有段國超、張能耿所著的各一種，各種《魯迅辭典》約九種，《魯迅研究資料索引》共四種。都很齊全。

　　另外，魯迅研究專刊，計有《魯迅學刊》、《魯迅研究月刊》，以及《紹興魯迅研究》、《廣東魯迅研究》、《上海魯迅研究》等，均完整無缺。

　　此外，我還結識不少魯迅研究專家，如王士菁、唐弢、李霽野、單演義、戈寶權、孫昌熙、丁景唐、薛綏之等資深的老前輩，此外，還有周國偉、裘士雄、杜一白、王吉鵬、高信、段國超、魏若華、

馬蹄疾、易竹賢、陳安湖……等人，他們都曾贈送專著簽名本給我，合計約有五十餘種，非常珍貴。

在魯迅研究專著中，我尤其喜歡資料書，如中國文聯出版公司出版的《1913-1983 魯迅研究學術論著資料彙編》共五巨冊，外加《索引》一冊，兩百元一部。當時對我來說是一筆不小的數字，但我節衣縮食，也買了一部。

日積月累，我收藏專著達七、八百種。歷經艱辛，來之不易。而我樂在其中，對此甚感欣慰。

每本專著，我用活頁紙作了筆錄，除一般著錄外，還將書的內容作了提要，並將書中篇目，詳例書下，如有有關該書的評價，便將出處一一列出。從 1926 年至 1985 年止，前後共達一千四百餘種，除了研究自己的藏書外，我還去上海圖書館、北京圖書館、北京魯迅博物館等單位，尋找我未見到的圖書。我把材料加以整理，編了一本工具書，書名是《魯迅研究書錄》，該書於 1987 年 7 月，由北京書目文獻出版社出版。該書由李霽野作序，周建人題簽書名，知名美術家錢君匋設計封面，該書十六開本，共計一百餘萬字。

《書錄》出版後，頗得好評，高信撰文評介說：「大工程、大氣魄、大功德」，給予很高評價。

我雖已八十歲有餘，為了提供資料，我準備將二十年來新出版的魯迅研究專著，再續編《書錄》。

「大軍未發，糧草先行」，在魯迅研究上，我願充當一名輸送糧草的小兵，在有生之年再作出一些微薄的貢獻。

附錄一 《魯迅研究書錄》

高信

　　幾年前，就聽說南京圖書館的紀維周同志在著手編輯魯迅研究專著書目這樣的工具書了。我當時就覺得，紀維周同志擔當此任，是最適當的人選：早在五十年代初，他就在報刊上發表短文，對魯迅生平、著作進行介紹，三十多年來，未曾少懈，是一位勤奮的魯迅資料研究家；他又在圖書館工作，查閱資料更比館外人方便得多。因而，我相信這部書是能夠編得好的，對《書錄》的問世，不勝企望。當然，在相信與企望的同時，我也有點殷憂：自 1981 年魯迅誕辰一百周年以來，魯迅研究專著的出版，無須諱言是跌入了谷底了。當此之時，這樣的工具書，出得來嗎？我的殷憂，看來並非虛妄：從紀維周同志編輯此書的 1984 年，到書目文獻出版社以兩千九百冊的印數，慨然開機，於 1987 年 7 月印出第一版，其間為此書而「找婆家」就花掉了三年時間。拿現在的出版週期來講，雖然不算最長的，也難說效率很高了。寫到這裏，實在得感謝書目文獻出版社，感謝他們出版了這樣一部大工程，大氣魄，同時有功德的著作。他們是無愧於社會主義出版家這個稱號的。

　　雖然，對這部大書編撰的消息聞知已久，而一旦這部七百餘頁，百餘萬言的十六開本巨編擺到我的案頭，我仍然驚歎欣喜之至。幾十年來，編輯魯迅研究專著的工具書也曾出現過。起碼，紀維周同

志本人，1956 年就草編過一次，收書四十餘種，同這本《魯迅研究書錄》相比較，粗略得可憐。爾後，沈鵬年同志有《魯迅研究資料編目》出版，其中收錄此類書目，也僅五百餘種，且以後未能補充重版。到了八十年代，人民文學出版社有上、下兩冊《魯迅研究資料索引》行世，收書是更多了，可惜體例遠無《書錄》完整細密。因而可以說，這《魯迅研究書錄》，無疑是自 1922 年到 1983 年六十年間，集魯迅研究專著之大成的紀程之編。所收書中的一千四百二十六種有關魯迅研究的書刊，從廣度、深度上展示了近六十年來幾輩魯迅研究工作者耕耘的辛勞和豐碩的收穫，也從某些側面說明了魯迅研究之所以成為當今「顯學」的原因。固然，每個魯迅研究者，哪怕是專門從事這一門類的專家，不可能、也不必讀盡這一千四百二十六種書刊，但卻有必要經常翻翻這部《書錄》。《書錄》為喜讀魯迅作品的讀者，也為有志於魯迅研究的人們，提供了全面的、便捷的、清晰的工具和路標。像當年《書目答問》一樣，《書錄》一編在手，可以省卻多少東尋西覓的功夫！更不用說，它對於魯迅研究的深入開展將起到多麼巨大的促進作用！

　　《書錄》最大的特色是收羅宏富。它既收研究專著，也收有歷年所編魯迅研究期刊和工具書，而後者又往往是書目工具書所不收的，似乎有點各不相擾的味兒；它既收研究專著，又收通俗讀物，連幾十頁的小冊子也收存無遺，而後者又往往被不屑一收；它既收內地歷年的出版物，又盡其所能地收錄港澳地區有關出版物。更值得稱道的是，它在收錄觀點正確的專著的同時，對於觀點不同的，甚或觀點明顯謬誤的也不使漏脫，連十年浩劫中「四人幫」御用班子編著的著作，或者「四人幫」本人如張春橋、姚文元昔年之著，也一一錄存。這種編輯辦法，正是工具書的本色：巨細不遺，正反

兼收。這使我想到，我們一些工具書或資料彙編一類的著作，往往著意捨棄畸形年代產生的觀點錯誤的著作或文章。有的編者，竟然可以對同一人的著作大加刪削，「去蕪存菁」，美其名曰愛護作者、尊重作者，豈不知卻給作者幫了倒忙，割裂了歷史。非歷史主義或反歷史主義的編撰辦法之不可取，就在於它實際上取消了歷史，因而它不可信，信不得。紀維周同志說得好：「因為這是工具書，它應客觀反映情況。至於圖書的好壞，自然要靠研究者自己去鑒別。」「客觀反映情況」，保證了《書錄》的科學性、翔實性和可信性。

　　一千四百二十六種魯迅研究書刊的分類問題，《書錄》編者顯然是下了大功夫的。六十年來，研究魯迅的專著論文，量大面廣，幾乎可以涉及到魯迅生平和著作的一切方面。倘若分類太粗，自然會查閱不便，倘若分類不當，則又失去工具的意義。曾見過同類書目，用編年體。自然，這也不失為一法，但可能只適合用於書目、論文不多的專題，若用於收書眾多的書目，勢必成為理不出頭緒的糊塗賬。紀維周同志先把全書分為十大類：魯迅傳記及有關資料、魯迅研究總論、魯迅思想研究、魯迅著作研究、魯迅專題研究與輯錄、其他有關魯迅的資料、魯迅作品今譯與改編、魯迅與青少年讀物、魯迅研究的專刊、研究魯迅的工具書。十大類，雖然不一定十分確切，但基本上也就囊括了千餘種書刊的內容了。十大類中，書刊多寡不一，有的甚少，有的極多，這就有必要再加分類，比如魯迅著作研究一類中，就分設了魯迅作品研究與介紹、論魯迅的創作、魯迅全集研究、魯迅小說研究、魯迅雜文研究、魯迅的散文與散文詩、魯迅詩歌研究、魯迅書信與日記研究、魯迅作品教學九個方面。九個方面之中，又視書目性質與多寡再加細分，以魯迅小說研究方

面，又分出了總論、《吶喊》與《彷徨》、《故事新編》研究。這樣，
已可謂之很細了吧！並不。魯迅小說研究，成果甚多，於是又在《吶
喊》與《彷徨》之下，再設《阿Q正傳》研究，《故鄉》研究，《狂
人日記》、《藥》、《祝福》研究。工具書講究分類的精確詳細，利於
檢索，《書錄》是做到了的。

　　《書錄》的另一特色是每部書刊前邊，均寫有簡短的提要文
字，這些文字，或交待版本源流，內容大要，甚或連裝幀設計的特
點，亦盡行寫出。這些文字，不照搬所錄書籍的內容提要，而經編
者以自己的眼光作客觀的評價，並在一些地方，進行了簡明切要的
考證。應該指出，長時期以來，二三十年代的圖書，現在幾成珍本，
借閱十分困難，大抵被藏之深閣，一般讀者、研究者無由翻覽；港
臺刊本，不僅原本難覓，有時連書目也渺然不可知。《書錄》的提
要、圖書目次之設，足以使讀者大開眼界。筆者孤陋寡聞，以前聽
說過有一部《魯迅家乘及其軼事》的書稿，也從別人的論文中看到
對此書的引文，但此書系何書，卻一無所知。這次翻覽《書錄》，
從提要部分始得知，這是一百六十八頁的墨抄本，1958 年 5 月由陳
雲波先生自刊。「編者的稿本是在生活處於困境下編寫的……這部
《魯迅家乘及其軼事》則包括四個部分：魯迅家乘、魯迅軼事、魯
迅故家的補充、魯迅小說裏的人物的補充」。據提要說，陳雲波的
編著還有多種，「由於編者生活困難，就向各大學圖書館和有關學
術單位聯繫，願意將手抄本奉送，只取得一些抄寫費來維持生活即
可。《家乘》一稿現藏北京圖書館」。讀了這段似乎是提要之外的話，
《家乘》之謎始得冰釋。這真得感謝廣見博聞的紀維周同志，為陳
雲波這位在困境中孜孜不倦，為魯迅研究默默作出貢獻的名不見經
傳的學者記上一筆。而且，這題外的話，更折射出在極左路線時期，

我們曾經怎樣漠視和無視學術研究成果，如何不珍惜、不支持既無地位，又無權勢的學人了。內容提要之外，編者甚至還在每部書刊目次之後，附有參考資料，設想周到，頗具匠心。如果不是對魯迅研究相當稔熟且確有心得者，我想是極難把《書錄》編得這樣周到詳密的。

一百萬言的《書錄》，總免不了值得補充修訂的地方，諸如某些版本記錄不全，或記錄了內部初印本，未能記錄公開出版本，或記錄了公開出版本，又漏脫了內部初印本。至於紀念專刊、文集部分，漏脫尤多，參考資料部分，還可以收錄得更完全一些。這些瑕疵，大概是難免的，提出來，也許過於苛求。只要想一想，這百萬餘言的巨編，全是編者一人，成年累月，手抄筆錄，輾轉搜求，四方求援而成，也就可以理解了。近年，又相繼看到紀維周同志對 1983 年以後的魯迅研究專著進行收集編目，且在《魯迅研究動態》上刊出，以備日後補充續編，不禁使人肅然起敬，敬其已編成了《書錄》，也敬其堅韌不拔地把《書錄》作為終身以事的大事業這種可貴的奉獻精神。

研究工作，離不開資料，這是學術界盡人皆知的道理。但對於資料的搜集、整理，卻歷來不被重視：專門整編資料，被視為低能，且不被承認是研究成果；出版資料類工具書，也相當困難，起碼比應時小說之類困難；它難得獲致可觀的經濟效益。長此以往，報應就來了：學術研究者眼界的狹窄，學術研究成果的雷同，研究者精力的浪費。這決非是危言聳聽，翻開一些書刊看看，就不難發現炒冷飯之作，並不鮮見；早被指出的失誤，又一次次重複，大概都能夠從資訊不通，資料匱乏上找到原因。魯迅研究，當然應該，也一定能夠進一步發展和深化，所謂「說不盡的魯迅」，但不可怠慢的

卻是在進行深入研究的同時，實在應該有一些學者如紀維周同志這
樣，樂於為人、為學術研究作嫁，也亟需有一些出版社像書目文獻
出版社這樣，樂於出版雖然賠錢，卻於學術研究有大功德的工具書。

1988 年 5 月 31 日

附錄二　我最崇敬的偉人——魯迅先生

紀維周

　　魯迅先生是我最崇敬的偉人。我開始寫作的第一篇文章，就是有關魯迅的。在抗日期間，我二十多歲時，在中央圖書館工作。當時，在重慶有《人物》雜誌，該刊有一次徵文，題目是〈我最敬愛的一個人〉，我也寫了一篇〈我最敬愛的一個人——魯迅先生〉應徵。投寄之後，抗日已經勝利，我當即隨圖書館復員到南京，這篇文章是否發表，起初我不知道。因為我訂購《人物》雜誌，等我接到《人物》合訂本時，才知道我所寫的文章，已經刊登了，並獲得第三名。當時，我採用「紀維」筆名，以後又改為「季維」。因為我已離開了重慶，當時有無獎品，我一無所知。

　　這篇文字是我的處女作，當然很幼稚。但對我來說，卻很有紀念意義。以後，我從事魯迅研究，長達五十餘年，可以說，終身為宣傳魯迅，做了一些工作。

　　解放以後，我經常給各地晚報副刊投稿，例如：《羊城晚報》、《天津晚報》、《新民晚報》、《合肥晚報》、《北京晚報》等等，內容大部分是有關魯迅的知識性、資料性的短文。高信同志在一篇文章提到我說：「早在五十年代初，他就在報刊上發表短文，對魯迅生平、著作進行介紹，三十多年來，未曾稍懈……」（見《大工程、大氣魄、大功德——〈《魯迅研究書錄》評介〉》）

　　以後，我與馬蹄疾、陳漱渝、鄭心伶、潘頌德等魯迅研究家有過交往，都提到他們在年輕時，看到過我所寫的有關魯迅的文章。有的人還說，還存有剪報。我沒有想到，這些短文，曾經也發揮了一些普及的作用。對此，我深感欣慰。

　　我業餘喜歡逛舊書店，喜歡搜集新文學舊版本，尤其是魯迅著譯舊版本，其中有不少毛邊本。上海社科院陳夢熊同志，曾來寒舍訪問，他稱讚說，來此大飽眼福，要我妥善保存，這些珍貴圖書，現在已難見到了。

　　以後，凡有魯迅研究的專著，我都盡力購買，每本書，我都用活頁紙，作了書錄，除內容介紹外，還詳列書中篇目，並附注該書的書評和有關資料。

　　日積月累，稿紙竟達二十市斤重。共有專書、文集、專刊一千四百餘種，編成一本工具書，題為《魯迅研究書錄》。

　　周海嬰同志曾經到過南京，訪問江南圖書館遺址，我曾與他見過面，並把《書錄》初稿給他看，他對我竭力搜集的資料，極為讚賞，並與我合影留念。

　　當《書錄》由北京書目文獻出版社接受出版後，我當即寫信請海嬰幫忙，請他叔叔周建人先生題寫書名。他欣然同意。據說，建人先生原來有病，得信後即由其女婿顧明遠先生磨墨，他用宣紙題寫了《魯迅研究書錄》。要我收到後，寫封回信。我除了覆信表示感謝外，並請出版社支付稿酬，但周建人先生卻拒收，據說，他給別人寫字，向來不收酬謝的。對此，我深為感動，更促使我更加努力。

　　凡是有關魯迅的事，我都盡力去做，例如，魯迅博物館編輯《魯迅大辭典》，要我協助撰寫有關圖書的介紹。我即去北京與馬蹄疾同志一起工作約近兩個月。

　　有些魯迅研究專家給我來信，例如，蔡健、許傑、聶紺弩、唐弢、孫昌熙、李霽野等前輩，要我幫忙，或複印資料，我都一一給予協助。我深深感到，能得到他們的信任，這是我的榮幸。

　　今年是魯迅誕辰一百二十周年，為了紀念他，我準備將相隔二十年後的《魯迅研究書錄》加以續編，並編輯完成《魯迅研究家辭典》，以及《魯迅資料積累和檢索》書稿，以實際工作，為紀念魯迅先生做些微薄的貢獻。

卷六

悼念魯迅專家

甘作泥土育新花

——回憶李霽野先生二三事

李霽野先生，安徽霍丘人。外國文學翻譯家、魯迅研究專家。1925 年 8 月在魯迅發起支持下，他與韋素園、臺靜農等人組織文學團體未名社。1927 年與臺靜農編輯《莽原》等刊物，在社會上產生很大影響。

▲李霽野先生

李霽野先生在未名社工作認真負責，深受魯迅的信任和讚賞。解放後，他著有《魯迅先生與未名社》一書，詳細紀錄了未名社創始和發展的情況。

李霽野先生為人正直，關心青年、愛護後輩，深受人們的尊敬。我從事魯迅資料多年，對他心儀已久，但無緣結識。直到 1982 年秋，中國魯迅研究學會在杭州舉辦學術討論會，因為我還不是會員，我得到王士菁先生的幫助，才作為特邀代表參加了盛會。這次，我會見了許多魯研界老前輩，如黃源、李何林、許欽文、戈寶權、王士菁等人。同時，我還結識了李霽野先生，並同桌共進晚餐。雖然談話不多，但他和藹可親，熱心關心後輩，卻給我留下深刻的印象。

我是學圖書館的，早在 1945 年 5 月，就在南京圖書館（當時是中央圖書館，解放後改名南京圖書館）工作。由於崇敬魯迅，業

餘搜集魯迅原著和研究魯迅專著，日積月累竟有數百種之多。我特別注意魯迅研究專著，為了向讀者介紹，每種書，我都用活頁紙，作了詳細記錄。除一般著錄（包括：書名、著者、出版年月、出版者、頁數等），另外，將書的內容、版本、特點等，作了詳細介紹；同時，又把書中的篇目，一一記錄；此外，如報刊上有對該書的書評，也注明出處，以便讀者進一步對該書有瞭解。我前後花了二十年時間，準備出版一部工具書，書名定為《魯迅研究書錄》，為了便於檢索，書後附有〈書名索引〉和〈作者人名索引〉。

《書錄》字數，估計約有一百餘萬字，出版社怕賠本，都不肯接受出版。

有一次，黑龍江王觀泉同志給我一信，說聶紺弩先生有一篇雜文，曾經登在南京報紙上，他在北京沒有找到，因此託我幫忙代查。受人之託，自當盡力。我花了一些時間，終於找到並複製給聶老，他對此表示感謝。我趁此機會，給聶老一信，敘述我多年編輯的《魯迅研究書錄》，迄今沒有找到出版社接受出版，問他能否代為介紹，聶老很快給我覆信，他認為《書錄》對魯迅研究很有意義。他在人民文學出版社雖已退出第一線，但還是該社的顧問，有說話的權利，準備盡力推薦此書稿。後終因出版社資金問題，難於出版。雖然沒有成功，但聶老總算盡了力，我仍對他表示由衷的感謝。

魯迅創辦未名社時，為了解決青年作家在出版上的困難，就編輯一套《未名叢刊》，李霽野的《往星中》就列入其中之一。他為了繼承魯迅熱心扶植青年的精神，解放後，他在湖南人民出版社編輯一套叢書，定名為《未名小集》。為此，我冒昧給他一信，他認為書目是治學的工具，便準備收入《未名小集》中，不料，出版社

因故把《未名小集》叢書停辦了。霽野先生對此深表遺憾，只好再等機會了。

1983 年秋，北京書目文獻出版社負責人之一的韓承鐸先生，到南京圖書館作報告，因為該社準備出版《圖書分類法》一書，徵求意見以便修改。順便還為出版社組稿，當時有兩部書稿，一部是貝芝泉的《外國文學資料索引》，還有一部便是我所編的《魯迅研究書錄》。韓承鐸先生認為《索引》需要面比較狹窄，便決定接受《魯迅研究書錄》。

我得到這個意外消息，立刻給霽野去信，並請他為《書錄》作序，他欣然同意。錢亞新先生是目錄學專家，擔任南京圖書館領導工作，據說，他與李霽野先生曾經同過事，於是，錢老也為《書錄》寫了序。另外，周海嬰與我相識，初稿他已見過，對我宣傳魯迅花了不少精力，表示讚賞。為此，特請他叔叔周建人先生為《書錄》題簽書名；丁景唐先生也是我的朋友，他特請錢君匋為該書設計封面。這本書，竟有四位知名人士熱心幫助，使我萬分感激。該書於1987 年 7 月，在書目文獻出版社正式出版了。

我準備贈送李何林先生一部《書錄》，因為不知道他的住址，便寫信向霽野先生打聽。他覆信說，李何林病重住在醫院，他從天津來北京探望他，從醫生處獲知，他得的是癌症，見了李霽野老友竟然不認識了。等了好久，才恢復記憶。他們同在一條戰線工作，風風雨雨歷盡滄桑，感情如同手足。何林覺得不久於人世，便泣不成聲，李霽野看到老友病得這個樣子，心中也非常難過流了淚。在這種情況下，他建議我把書暫時緩寄，並囑咐我不要把何林的不治之症透露出去，因為他家裏人還不知道得的什麼病。

　　不久，李何林先生便與世長辭了。李霽野先生寫了悼念文章，我讀後非常感動。

　　西北大學圖書館館長武德運同志，是我多年的朋友。他也喜歡研究魯迅，曾出版過《魯迅生平及其著作》。後來又編了一本《外國友人憶魯迅》。北京圖書館出版社已接受出版，他需要有一位名人為該書寫篇序。要求有二：一是外國文學翻譯家；二是魯迅研究專家。他知道我熟人多，便託我代為聯繫。因為我和戈寶權先生相識，他從北京遷居南京後，又擔任南京圖書館名譽館長。因此，我覺得戈老寫序最為合適。我徵求武德運的意見，他認為能有戈老的序最為難得。有一次他從西安到南京來開會，順便邀我同去南京富貴山戈老寓所訪問。戈老及夫人梁培蘭熱情接待我們。略談之後，我們就接觸正題，懇請戈老為《外國友人憶魯迅》一書寫篇序。不料，梁培蘭先生說，戈老患有帕金森病，不能動筆寫文章，凡是要求寫序的朋友，都已謝絕了。實在對不起，請原諒。既已如此，不好勉強，臨別時，德運改請戈老題簽書名，因為不用動腦，便欣然同意了。而且當即寫了兩幅，由我們挑選。總算沒有白來，武德運對戈老表示感謝。

　　在歸途的路上，德運覺得沒有序還是很遺憾。於是，我又想到李霽野先生，便寫信給他懇請寫序。霽野先生二話沒說，欣然同意，不久就將序文直接寄給德運，因為怕丟失，還複製一份給我。由此可見，霽野先生愛護後輩，考慮多麼周到了。

　　魯迅先生為了培育青年，主要辦法就是為青年的作品寫序，魯迅生前為蕭紅《生死場》和蕭軍的《八月的鄉村》等書寫序，使他們一舉成名。李霽野先生繼承魯迅的辦法，也大量為後輩寫序。他除了為我和武德運所編的書寫序之外，還有陳安湖的《魯迅論稿》

（《未名小集》第三種），以及紹興謝德銑所著《魯迅趣事》，都寫了序。而且，他還把《魯迅趣事》一書親筆簽了名贈送我一本，極為珍貴。

我準備編一本《魯迅研究家辭典》，曾寫信給霽野先生索取他自傳和照片，他為了支援我的工作，很快將列印的自傳和二吋照片寄給我。凡是與魯迅有關的事，他總是有求必應。

霽野先生對魯迅的感情非常深厚，不管大事、小事，凡是有人曲解或有損魯迅的人格，他都會進行辯解，並澄清事實。例如，有一個出版社出版《高長虹文集》，在魯迅博物館舉辦座談會，在《魯迅研究動態》上，還發表幾篇有關高長虹的文章，有些地方，我覺得吹捧高長虹有點過分，對未名社韋素園的指責，也有欠妥之處，我寫了一篇商榷文章，但沒有採用。不登是刊物很正常的事，我並無意見。因為牽涉到未名社與高長虹的事，於是，我便把這件事寫信告訴李霽野先生。不久，我接到他的來信，他說對高長虹的看法，不僅是他一個人的看法，和他有同樣的意見的人，大有人在。不久，我就接到《動態》一位編者來信，他說有位老人指責《動態》有七大錯誤，其中第三個錯誤就是不登「紀維周的文章」。我只是隨便說說，沒有想到霽野先生竟會如此氣憤，實出我意料之外。於是，我便將實際情況告訴編者，然後我對編者說：「李霽野先生是魯研界老前輩，我們後輩都要尊重他，他所提的七點錯誤，我不知其詳，但有則改之，無則加勉吧。」——這件事，也就平息過去了。

另外，還有一件魯迅扔棉褲的小事情。孫伏園有一篇回憶錄，其中有一段說：「一天我聽周老太太說，魯迅先生的褲子還是三十年前的留學時代的，已經補過多少回，她實在看不過去了，所以叫周太太做了棉褲，等魯迅先生上衙門的時候，偷偷地放在他床上，

希望他不留神能換上，萬不料竟被他扔出來了。老太太認為我的話有時還能邀老師的信任，所以讓我勸勸他。」

這一段故事，經常在報刊上轉載。但我讀後，感到敘述不合情理。因為朱安做棉褲本是好意，怕魯迅受涼生病，但魯迅卻不領情，卻把它扔出去，這豈不是使人覺得魯迅橫蠻不講道理呢？因為孫伏園是魯迅的學生，交往密切，他的回憶錄，我只感到不妥，但也不好說什麼。

李霽野先生有個學生，有一次他向老師詢問，魯迅會不會扔過朱安的棉褲？霽野很嚴肅地說，這決不可能的事，他說：「有些人常常認為他有一種難與相處的壞脾氣。這對於先生的性格，我認為是一種誤解。」霽野先生在北京經常到魯迅家中作客，他非常瞭解魯迅為人的寬厚。據他說，有一次魯迅請李霽野等人，在家中吃飯，飯菜由朱安操做，霽野親眼目睹，魯迅對朱安的態度非常謙和。他認為魯迅對朱安雖無愛情，但對朱安的人格卻很尊重。為此，他很肯定地說，魯迅決不會有扔棉褲的事。他對學生聲稱，還準備專門為此事撰文澄清事實。不料，沒有好久，霽野先生便去世了，這真是很遺憾的事。

後來，我根據自己對魯迅性格的瞭解，並結合霽野先生的意見，寫了一篇〈魯迅沒有扔棉褲〉的短文，刊登在南京《週末》報上，後被廣州《野草》報轉載，以此了結霽野要澄清事實的心願。

我和先生交往已有二十餘年，我得到他大力支持和幫助，使我這個不見經傳的小人物，在魯迅學研究史上，也有一席之地，這是和他熱心指導、精心扶植分不開的。他繼承魯迅甘作泥土、培育新花的精神，使我終生難忘。

2004 年是霽野先生百歲誕辰，我特此寫了二三事，作為對他衷心的感謝和深切地懷念。

　　《魯迅研究書錄》已出版將近二十年了，我準備將二十年來所出魯迅研究專著加以續編，不辜負他對我所作的宣傳魯迅、提供資料的工作的殷切期望。

關於孫用先生幾件軼事

——紀念孫用先生逝世二十周年

▲孫用先生

孫用先生是浙江杭州人，生於 1902 年 5 月 18 日，於 1983 年 10 月 3 日在北京首都醫院逝世。今年剛好是他逝世二十周年紀念日。

我崇敬孫用先生為人篤厚，刻苦自學成才。他為魯迅著譯校勘工作，化費不少精力，作出了卓越貢獻。

遺憾的是，我與他素不相識，也無書信往來。所幸我與他長女孫亦芬同志交往十餘年，經常聽到她談起孫用鮮為人知的軼事。現在我便根據她所提供的材料，編寫這篇紀念文章。其中儘管是平凡瑣事，但也可以從中看出孫用先生高尚的品德和可貴的精神。

一、孫用與書

孫用的癖好，便是喜歡買書。據說，他一進書店，一翻就是幾個鐘頭。直到書店上了門板，才不得不離開。孫用所得月薪不夠充裕，但他還是節衣縮食買了不少書，每月購書費用，竟達四五十元。這在當時，是一筆不小的數字。

　　孫用買書除一部分是外國文藝書外，其中大部分是與魯迅有關的書。他為了做好魯迅著作的校勘、注釋工作，經常到舊書店訪求有關魯迅種種書刊。除了魯迅著譯原刊本外，就是魯迅在言談著作中提到過的，以及別人說及和論及魯迅的文章、著作都在他訪求之列。

　　幾十年的勤奮搜求，使他的有關魯迅專著各種版本和有關資料收藏極為豐富，成為他研究魯迅資料的專庫。他在擔任《魯迅全集》注釋工作時遇到疑難問題，大部分是在他的藏書中解決的。

　　孫用藏書既為自己研究方便，也為周圍的同事工作方便。凡是別人向他借書，他都有求必應，特別是青年魯迅研究者，他會竭盡心力，給予幫助的。

　　據朱正回憶：「由於那些年的多次折騰，我的圖書資料弄得蕩然無存。我向他借書，他有求必應。出了什麼有關的新書，我還不知道，他就給我寄來了。《新文學史料》最初幾本，就是他寄贈的。他是魯迅研究室顧問，『魯研室』寄給他的那些上面寫著『僅供參考，請勿外傳』的列印資料，他也都外傳給我參考，使我在極閉塞的條件下也能經常瞭解到有關魯迅研究的最新動態。在黨的十一屆三中全會之前，孫用同志那裏是讓我能夠看到一點學術界動態的唯一視窗。」

　　由此可見，孫用先生熱心助人的精神。

二、孫用「賣」書軼事

　　1942 年，正值抗日戰爭，孫用攜帶家眷，從杭州逃到衢州，受聘於衢州簡師教語文。學校因敵機常來狂轟濫炸，便遷至離城三十多里的一個山莊──源口的一座古老祠堂。

　　文怡是孫用在衢州簡師任教時的學生。他當時首次登門拜訪他時，發現他還另租了兩間瓦房，整整齊齊陳列著滿屋書籍，還有一本十餘斤重的《英漢大辭典》。文怡說：「那時，誰也沒有見過私人藏有那麼多的書，無不驚歎。試想在那兵荒馬亂交通梗阻的年月，孫用攜帶家眷和沉重的書籍顛沛流浪，怎不吃盡苦頭呢！」

　　孫用把書當作生命，家裏沒有什麼值錢的東西，唯有書是他的寶貝。他有一首詩寫道：「我家何所有，傢俱慚中人；獨有書八櫥，自謂家不貧。」由此可見，他有八櫥書，已是值得驕傲了。

　　孫用愛書如珍寶，很難使人相信，他竟有賣書的遭遇。

　　文怡曾在回憶文章中記道，1957 年他特地赴京看望孫用。在進餐時，孫用以深深遺憾的神情，回憶他賣書的悲劇。孫用回憶說：「哦！想起抗戰在源口那個年月，真是不堪回首。我們一家經常半饑半飽，我不得不常趁星期天，自己拎著一串串重重的書，步行三十里到城裏去賣。至今我還能清晰記得那收購舊書的小書店老闆，那愛理不理的難看臉孔和神氣，他從來不問書的貴賤，要統統當作廢紙稱給他的，這又能換得幾個錢呢，其中有許多好書，至今我一想起來還很心痛呢。」

　　孫用在衢州教過一陣子書，他的詩集《向陽湖畔》中，曾對這段生活，有過辛酸的記述：

> 書生生活費躊躇，
> 不但教書又賣書。
> 數口一家居不易，
> 向陽湖畔憶三衢。
> 萬難生活欲何詞，
> 慘勝三年事可知。

一筆焉能糊數口，

向陽湖畔憶當時。

三、孫用是「助人為樂」的典範

孫用為人慷慨，助人為樂，體會最深的是朱正。他回憶說，他在北京經常去孫用家訪問，每星期裏，總要到他那裏看望一兩回。因為去久了，他有一種獨特的感覺，那就是「孫用同志家裏的東西是不能稱讚的」。有一回他稱讚了茶葉好，臨走的時候就裝好一瓶茶葉叫他帶走。一次他用亦芬（孫用長女）從南京寄給他的糖果款待他，朱正說了一句在北京沒見過，孫用就一定要朱正還帶走一包。有一回朱正在他桌上看見南京師範學院編的《文教資料簡報》，說這刊物編得不錯，有些材料有用。後來，朱正去他家時，他就常常顫顫巍巍地打開書櫃，把新到的《簡報》拿給他。

樓適夷同志是孫用的老朋友，他對孫用印象很深：「他少說話，可他多體貼人，關心人，送人一些溫暖，在他也是很大的樂趣。」

樓適夷有一次見孫用院子裏有幾個盆景長得好，稱讚了一句。過幾天，他就叫人送了一個盆景來。有一次孫用到他那裏，樓適夷正在欣賞蘇東坡的字帖。以後他上舊書店去，見到蘇東坡的《西樓帖》，就給他買來了。樓適夷總結說：「他對朋友都是這樣子的。」

1946 年，史莽同志在杭州從事黨的秘密工作時，就與孫用相識。他回憶說：「為了鼓勵我，鞭策我，使從事魯迅研究的隊伍中多一個新手，他多年來不間斷地贈送我線裝本《魯迅日記》、十卷本《魯迅全集》和二十卷本《魯迅全集》。他知道我喜歡收藏好書，贈給我的都是特種精裝本。這實在使我深深感動。」

蕭乾說：「知識份子再慷慨，一觸及個人藏書也會吝嗇起來。孫用的藏書確實豐富，但只要工作需要，他必主動解笈相助。他藏書不是為了佔有，更不炫耀。他以助人為樂。」

綠原是孫用多年同事，他回憶說：「孫用同志平日獎掖後學，經常把他的寶貴藏書慷慨贈與他認為有用處的人。一天，我告訴他，我買到一本英國版的《格林童話》，裏面有不少英國銅刻家的精美插圖。他笑著說，那是英國人眼中的格林，他有一部德國木刻家插圖的《格林童話全集》，風格完全不同。第二天，他就把那一部木刻插圖本帶給我看，並把它送給了我。他怕我不接受，還事先在書上寫上了我的名字。」

孫亦芬曾說：父親很慷慨，常把最寶貴的東西送給別人，他名為「用」，就是「用」在別人所需要的地方。

樓適夷同志總結更為具體：「他非常關心人，對別人的事非常熱心，不是表面上，而是實心實意去幫助人。凡是可以使人得到好處，得到安慰的事，他是從來不吝惜自己的。他體貼人，幫助人，並非對人有什麼要求，希望得到報答，他是完全無求於人的。有一種人到世界上來是來『要』的，他要這要那，從來不會滿足；有一種人到世界上來是來『給』的，他把自己所有的一切都給予別人，孫用同志就是後面的一種人。」

四、孫用與胡麗琴的婚戀

孫用原名卜成中，他父親卜汝俊，是一位出身浙江蕭山鄉下的農民，十一二歲時就離開故鄉，到杭州的一家刻字店做學徒，因為他師傅沒有子女，師傅去世後，他就成了這刻字店的老闆兼工人。

母親姓孫，也出身於蕭山鄉下農家，不識字，她生有八個子女，但五個年幼夭折，長成的只有孫用，和他的姐姐及弟弟卜英梵。

孫用父親一生忠厚，膽小怕事，常受人欺侮。關於他父親刻字生活的痛苦，孫用曾寫了四句詩：「遠看是先生，近看像猢猻。刻盡千山木，餓死一家人。」詩意寫的是，把山上的木頭都刻光了，但家裏的人還得餓死。它辛酸又生動地形容他父親及自己幼年的貧困生活。

孫用七歲進私塾，九歲進浙江第一師範學校附屬模範小學。1915年畢業後，又進杭州宗文中學，到 1919 年畢業。因為家境不好，無力繼續升學，為了維持家中生活，便考進郵局工作了。當時他僅十七歲。

孫用很早就結了婚，是父母包辦的，其妻比孫用大兩歲，婚後雖生有兩女一男，但兩人感情一直不好。

1940 年，孫用調龍游任郵局局長（全局只一人）。這時，孫用寄居在當地一戶倪姓人家裏。這家有個童養媳，名叫胡麗琴。長得五官端正，心地善良。但倪家兒子卻不喜歡她，而和同班同學談戀愛，平時根本不理胡麗琴。她在倪家遭白眼，做傭人，受盡了欺侮。

孫用為人一向忠厚，他親眼看到這位善良的童養媳受到這麼多的苦，預計將來她更加不幸。孫用很同情她，也經常跟她談到自己的身世和不幸，深感「同是天涯淪落人，相見何必曾相識」，於是，孫用和胡麗琴逐漸產生的愛情。孫用為了使胡麗琴脫離困境和將來的幸福，便主動向她求婚。據孫亦芬回憶說，她母親起初還未同意，原因是，孫用比她大二十一歲，她是個文盲，如果他有三長兩短離開人世，自己還年輕，以後如何生活呢？她就向孫用說出自己的顧慮。孫用聽了很自信的說：「你大可不必擔心，我除了工作收入外，還會翻譯和寫稿，我會把錢節省下來，如果我先死了，這筆儲蓄，

足夠你維持十年的生活費。那時，孩子已長大成人，他們一定會孝順你的。」

孫用的忠厚和誠懇，使胡麗琴深受感動，便含羞同意了。孫用看她同意了，高興得快要跳起來。胡麗琴當時僅有十八歲。她和孫用商定後，他便悄悄地離開了倪家。以後，孫用便和前妻辦了離婚手續。孫用回到富陽，當著胡麗琴父母的面和她拜天地成了親。1944年4月，他們的長女，出生在浙江衢縣。

孫亦芬回憶說：從父母的婚姻生活中，我知道了什麼叫相敬如賓，相濡以沫。父母學歷不同，父親是高級知識份子，母親是文盲、童養媳，年齡相差懸殊，這些絲毫不影響他倆之間的感情，他們之間的恩愛、和諧，在鄰里間是有口皆碑的。我記事起，母親就會看報、寫信，文化程度相當初中水平，這全靠父親手把手教她。母親一直珍藏著父親為她謄抄的「教材」——幾十首唐詩，用非常漂亮的正楷毛筆字抄成。

唐弢是孫用老朋友，他有一段回憶極為有趣。他說：「有個時期，我們同住在一條胡同裏，每當夕陽西下，他（指孫用）和他的夫人一起，常常臉含笑容，低低談話，徐徐邁步，從胡同東頭散步到西頭去。有時我從外邊回來，遇上了，故意避開一點，我覺得此刻正是這位一生勤奮，秉性忠厚的人最愉快最舒適的時候，我不應該驚動他。」

孫用與胡麗琴結婚後，先到衢州，後到杭州、上海，最後定居在北京，從來沒有分開過。

韋君宜回憶孫用說：「他的歷史是純潔的。但是在十年內亂中卻也遭到了莫明其妙的『審查』。在『牛棚』裏，我和他編在一個小組。」

1969 年，孫用下放到湖北咸寧的「五七幹校」，從事巡夜、種菜、挑糞、修房等勞動。

孫用走後不久，胡麗琴便主動去幹校，原意是想去幹校照顧孫用。沒想到咸寧幹校家屬集中地，離幹校還有幾十里路，見一次面非常不容易，且不說假期稀少短暫，早起步行幾個鐘頭，鄉間小路崎嶇難走，見面就要吃午飯了。飯後又要往回趕路，趕在天黑前回到營地。孫用曾在《向陽湖畔》詩集中，提到這件事，其中有一句詩「會暫離長淚不盡」。真實記錄了當時夫婦離別的遭遇和痛苦。

據孫亦芬回憶，孫用是個書呆子，除了買書，別的東西都是不會買的。但每逢妻子的生日，他總要親自買一束鮮花，一瓶香水送給她，每年如此，從來沒有間斷過，直到他去世的 1983 年。這一年妻子生日前夕，孫用因帕金森綜合症住院，入院前還拉著妻子的手說：「今年的生日不能替你過了，以後再補吧」。胡麗琴這時只是流淚，孫用一邊給她揩眼淚，一邊說：「我的病會好的，等我好了，我們再去散步。」

孫用入院後，病情急劇惡化，三個月後，於 1983 年 10 月 3 日在北京逝世，終年八十一歲。人民文學出版社於 10 月 21 日在八寶山公墓禮堂為他舉辦了追悼會。胡喬木、周建人、胡愈之、葉聖陶等人送了花圈。

孫亦芬回憶說：父親去世後，母親鬱鬱寡歡，時時都在對父親的思念中。她不止一次對我們說：「當年我就嫌爸爸（父母隨孩子稱呼對方）比我年紀大許多，他說讓我比他多活十年，他給我留點錢，保證我的生活。可是爸爸不在了，什麼都沒有意思了。」

說也奇怪，胡麗琴於 1994 年去世，剛好在孫用逝世後的十年整。

　　1995 年春，孫亦芬姐弟三人，在北京昌平九里山公墓買了一塊地，把孫用骨灰盒從八寶山公墓遷出來，與胡麗琴合葬在一起，讓他們倆長眠在碧天青山之間。

「文化和友誼的使者」

——戈寶權先生二三事

戈寶權先生是我國傑出的外國文學研究家、翻譯家，他在中外文學關係史、翻譯史，以及比較文學等方面，都有較深的研究。他勤奮好學、自學了英、法、日、世界語之外，又研究俄語及東歐、西歐一些國家的文字，為他從事研究和翻譯外國文學打下了堅實的基礎。

▲1988 年 3 月，蘇聯最高蘇維埃主席團授予戈寶權「各國人民友誼」勳章。

戈寶權早在三十年代起，便開始翻譯和研究外國文學，歷經六十餘年，共出版譯著五十餘部。他對世界各國文化交流，有卓越的貢獻，在國內外享有盛譽。

我和戈老相識於 1982 年秋季，到現在已將近二十年，現在將有關事蹟分別介紹如下：

一、叔父的兩句話影響了一生

戈寶權一生好學不倦，他經常激動地回憶使他博覽群書的啟蒙者叔父戈公振。戈公振是我國新聞界的老前輩，知識淵博，為人正直，受到人們的尊敬。1945 年，戈寶權在重慶《新華日報》工作時，

他初次與毛主席見面，毛主席說：「你是位俄國文學專家。」接著又問「戈公振是你什麼人？我讀過他著的《中國報學史》一書。」由此可見，戈公振的專著在當時影響非常深遠。

戈寶權在七、八歲時，由於他的叔父戈公振對他的啟發和開導，使他在童年時期，就養成了博覽群書的好習慣。據說，他小時候，叔父送他一盒積木，這雖是極為普通的兒童玩具，可是在盒子上，叔父卻留下了意味深長的兩句話：房子是一塊磚頭一塊磚頭造成的；知識卻是一本書一本書讀成的。

叔父「博覽群書」的種子，播在戈寶權幼小心田裏，開始萌芽、成長、使他逐漸愛起書來。後來，他愛書就像魚離不開水一樣，不讀書，簡直不能生存。據戈寶權夫人梁培蘭回憶說，戈寶權青年時期在上海，儘管生活很困難，他節衣縮食，還是買了不少書。在十年浩劫中，即使給僅有二十五元的生活費。可是他還要節省一部分錢，用來買書讀。

1935 年春，戈寶權在莫斯科，當時他才二十歲出頭，已是愛書成癖了。經常聽到他朗誦普希金的詩句。另外，他與耿濟之經常到舊書店購俄國文學書籍。據說，那時買書要自己登上梯子爬到天花板下書架上搜尋，有時又要趴在地上往書架底下搜羅。據他摯友冒效魯曾戲說，他真可謂「上窮碧落下黃泉」了。莫斯科天寒地凍而路滑，戈寶權常因兩手提兩大包書而借力滑行。可見他愛書之情。

二、超常的愛書護書行為

戈寶權常常提到高爾基的名言：「書是知識的源泉。」他不但喜歡看書，還特別愛護書，在他收藏的三十年代文藝書中，有不少

毛邊書，至今完整無損。而且在書的後頁空白處，用清秀的字體注明書的來歷，有不少書還記載什麼人寄贈給他的。

梁培蘭回憶說，戈寶權買書還有一個習慣，回到家裏，不管書有多厚，他先逐頁翻下去，看看有無破損或顛倒、缺頁，一經發現後，就立刻跑到書店請求調換，可見他多麼愛書。

戈寶權的記憶力很好，在他收藏的數萬冊的圖書中，哪一本他都能說出書的來歷。我在南京圖書館工作，他把書贈送南圖時，我榮幸參加整理過他的藏書，且把珍貴的版本挑選出來。可是他到藏書室一看，立刻將一部紅色封面的《魯迅書簡》取下來，要求另放一處。我打開書一看，原來是景宋（許廣平）親筆簽名贈送給他的。那時他已七十多歲了，還記得一清二楚。他對數萬冊藏書的來龍去脈，都瞭若指掌，真是到了「如數家珍」的程度。

由於種種原因，戈寶權藏書曾多次遭到損失，但他從不灰心，就像蜘蛛網一樣，忽然遭到無情的風雨把網摧毀，可是它頑強補綴、再補綴，終於把網結成了。在他辛勤努力下，空著的書架，又慢慢地被書填補起來。

三、戈寶權的「萬卷書齋」

戈寶權把自己藏書室名為「萬卷書齋」，這不僅說明他藏書多，而且還有更深的含義。

戈寶權一向主張多讀書，廣見聞，他說：「中國有句老話：『讀萬卷書，行萬里路』。不讀書，知識得不到。不讀書，知識面不會廣。行萬里路，可以擴大自己的眼界，豐富感性知識。徐霞客登五嶽後說『五嶽歸來不看山』，到黃山後又說『黃山歸來不看嶽』，就是這個道理。」

多年來，戈寶權研究俄國、蘇聯和東歐各國的文學，因此在他藏書中，除俄文外，還有英、法、烏克蘭、波、捷、匈、羅、保，以及日本等十多種文字的書籍。

在俄文中，他收藏有十九世紀俄國各名家的文集和有關研究論著，其中有普希金、萊蒙托夫等大詩人的文集多種，其中又以研究普希金的專著最豐富。在俄國革命民主主義著作家中，他收藏有別林斯基、車爾尼雪夫斯基、杜勃羅留波夫等人的全集。

在他藏書中，有不少是蘇聯名作家親自簽名贈送的，其中有法捷耶夫、列昂諾夫、愛倫堡、西蒙諾夫、蘇爾科夫、吉洪諾夫、伊薩科夫斯基、特瓦爾多夫斯基、直至葉甫圖申科等人的著作。此外，蘇聯二、三十年代出版的珍本圖書和有關俄國和蘇聯的美術、戲劇、音樂等藝術方面的圖書他也收藏多種。

在東歐國家的文學中，如波蘭大詩人密茨凱維奇、斯沃瓦斯基、捷克名作家聶姆曹娃、伊拉塞克、匈牙利大詩人裴多菲，羅馬尼亞大詩人愛明內斯庫、保加利亞名作家波特夫、伐佐夫等人的全集、文集和詩集等，戈老也都有收藏。

在戈寶權藏書中，最珍貴的是他五十年來精心搜集的一套九十一卷本的俄文版《托爾斯泰全集》。

戈寶權喜愛托爾斯泰著作的歷史很悠久，據梁培蘭回憶說，在1923年，當時戈寶權剛滿十歲，他收到叔父戈公振從上海寄來一套由唐小圃編譯的《托爾斯泰兒童文學類編》，在第一本扉頁上寫著：「寶權侄覽，公振寄，1923 年 3 月 28 日。」七十多年過去了，直到今日這套書還珍藏在戈寶權的書櫃中。他非常喜愛這套書。他說：「不僅因為封面上有叔父的題字，同時還因為這套書為我打開了第一扇面向外國文學的窗戶，也是我最初接觸到的俄國文學，更何況是俄國大文豪托爾斯泰呢。」，

1935 年，戈寶權出任《大公報》駐蘇聯記者，當時他只有二十二歲。從那時開始就下決心訂購托爾斯泰百年誕辰紀念版九十卷本的全集。時隔三十年之久，終於在 1958 年出齊。戈寶權在第一卷扉頁上寫了這麼一段文字：「蘇聯自 1928 年托爾斯泰誕辰百年紀念時起，開始編印紀念版的《托爾斯泰全集》。經過三十年之久，方於 1958 年全部出齊，共九十卷。印數不多，每卷一般不過五千冊。因此在蘇聯舊書店中早已成為難得之書。我從三十年代開始搜購，經多方面努力方補成全集。四十多年來，我先從莫斯科將此書運回，後幾近遷徙，又復經十年浩劫及地震之災，全集得保存至今，亦云幸矣……」1962 年《全集》又出版第 91 卷，是按俄文字母排列的九十卷全集的目錄索引。

因為這是國內唯一的原版全集，常為人們借閱。不料，其中有一本未能歸還，幸好上海華東師大倪蕊琴教授的幫助，將所缺的一卷贈送給戈寶權，這才配成了完整的一套原版《托爾斯泰全集》。在國內堪稱孤本，亦屬稀有之藏書。

此外，戈寶權先生在長期從事著譯的過程中，和我國許多著名作家都有交往，郭沫若、茅盾、巴金、鄒韜奮、曹靖華、曹禺、唐弢、馮至、臧克家、艾青、蕭三、蕭軍、靳以和丁景唐等人，親筆簽名贈送給他的書就有數十種。

戈寶權的「萬卷書齋」，不僅珍貴圖書多，而且還具有文物價值。

四、捐獻圖書──「化一人之樂為萬人之樂」

戈寶權是江蘇省東台人，他熱愛家鄉，嘉惠學者，他將五十年來精心收集和珍藏的兩萬卷中外文圖書，捐獻給江蘇省南京圖書

館。於 1986 年 7 月 5 日，在南京圖書館隆重舉辦贈書儀式，除江
蘇學術單位和外地學者近百人參加盛會。

　　戈寶權在會上作了答謝發言，他說：「我和我的愛人都是江蘇
人，我們對家鄉都懷有深厚的感情！近幾年來常回到江蘇來看望父
老鄉親，每次回來都為家鄉的巨大變化而感到歡欣鼓舞。不僅蘇南
呈現一片欣欣向榮的景象，就是一向較為落後的蘇北，現在也有了
突飛猛進的發展，我的故鄉東台縣也不例外。面對家鄉這種蓬勃發
展的局面，激起我要為江蘇省的兩個文明建設做點貢獻的感情和願
望。現在決定向江蘇省捐贈我幾十年來的藏書，就是出自熱愛家鄉
和回報家鄉對我們培育之恩。」

　　這次盛會還收到外地有關單位寄來賀電、賀信。王子野先生還
寄來親筆寫的條幅，上面寫的是：「化一人之樂為萬人之樂」——它
生動、具體地讚揚戈寶權嘉惠學人的偉大精神。

五、對魯迅研究的卓越貢獻

　　戈寶權不僅是外國文學翻譯家，而且還是一位魯迅研究專家。
在他的藏書中，收集《魯迅全集》各種版本、單行本、毛邊本、以
及各種研究魯迅的專著，還有外國友人贈送給他的原版書。我曾經
整理他的藏書，有關這方面的書，竟有數百種之多。

　　戈寶權對魯迅研究專著的收集，極為關注。例如，李景端回憶
說：「戈寶權最感興趣的就是逛書店。那時候蘇州還有舊書店，有
一天他發現店裏有一本三十年代上海出版的評論魯迅作品的小冊
子，他極為興奮，執意要買，誰知此書已被江蘇師院一位教師訂購，
正待取走。戈老既惋惜又不死心，一再追問何人訂購。看到戈老這

麼愛書，恰巧這位訂購人也是我的朋友，我就說這事交給我試試看。原來那位朋友正在寫文章，只是想引用該書中一段話，於是我同他協商：我把那段文字、複印一下給他，請他把書讓給我。當他得知此書是戈老要買，連說此書對戈老更有用，就當我送給戈老吧（因他已付錢）。當戈老拿到這本書時，欣喜之情溢於言表，鑒於我的朋友不肯收書錢，戈老特意買了一大包蘇州點心叫我回贈給人家。戈老的愛書癖，由此可見一斑。（見《書與人》，2000 年第 4 期第 5 頁）。

我搞魯迅資料多年，據我所知，一般魯迅研究專家，大多數人不懂外文，即使懂也不過一、二種外語。而戈寶權除了英、法、日、俄等主要外文之外，還懂世界語、東歐、西歐一些國家文字。他不但廣泛閱讀外國專著，翻譯也非常精確。因此，他選擇魯迅作品，在國外的影響的課題作一番研究。早在 1981 年 7 月，他在陝西人民出版社出版一部《魯迅在世界文學上的地位》。該書全面介紹了魯迅譯介外國文學的貢獻，魯迅與外國作家的交往與友誼，世界各國對魯迅著作譯介的狀況，以及各國作家和學者對魯迅的評價與研究。陳漱渝同志評價該書說：「在魯迅研究史上，戈先生的這種研究既有開創意義，也有奠基意義。」

此外，在 1981 年 9 月，戈寶權在人民文學出版社出版《〈阿 Q 正傳〉在國外》一書。

《阿 Q 正傳》在魯迅生前被翻譯成外文時，有些情況還沒有弄清楚，如《阿 Q 正傳》最先譯成哪種歐洲文字；法國名作家羅曼‧羅蘭曾否寫過信給魯迅本人；俄譯者王希禮是否任過北京大學的教授等等。另外，還有不少問題以訛傳訛，長時間沒有得到澄清。

為了要查清這些問題，戈寶權專門研究《阿Q正傳》的各種外文譯本，並寫了不少有關這方面的論文。

黃源先生對戈寶權這部專著，作了這樣評價：「很多第一手資料，不知花多少時間精力，調查、探索而得……這種實事求是地解決一個個實際問題的精神，正是我們做學問的基本基礎。」

1975年起，戈寶權兼任北京魯迅博物館魯迅研究室顧問，並協助人民文學出版社注釋《魯迅全集》的工作。此外，《魯迅研究年刊》，江蘇魯迅研究學會，也聘請他擔任顧問。

另外，魯迅博物館還請他編輯一本《拈花集》，該書是魯迅生前擬編而未編的蘇聯版畫集。

還有《魯迅大辭典》、《魯迅與世界》畫冊等，戈寶權都給予支持和幫助。

以上具體工作，說明戈老為研究魯迅、宣傳魯迅，作出了不可磨滅的貢獻。

六、良師益友——我與戈老的交往

1982年秋，中國魯迅研究學會在杭州舉辦學術討論會。當時，我還不是會員，在王士菁先生幫助下，我以特邀身份參加盛會，這次我結識不少魯研界老前輩，如李何林、李霽野、黃源、許欽文、王瑤、張望等人。戈寶權先生也來了。他是我很崇敬的學者。我和他作了一次簡短談話，我首先自我介紹，說我在南京圖書館工作多年，由於崇敬魯迅，我準備將1926年起，直到1984年為止，所出版的魯迅研究專著編一部《魯迅研究書錄》，每本書內容作了簡要介紹，並詳列書中的篇目，書後有著者人名索引和書名索引。當時，

我帶了一部分手稿給他看。他聽了介紹，並親自翻閱手稿，他對我的編輯極為讚賞。他說，他多年一直也注意資料工作，這是學術研究的基礎。社會有些人輕視資料工作，那是非常錯誤的。要我好好地編下去，並提出等該書出版時，一定送他一部。當時，我感到驚訝，也很欣慰。驚訝的是，他是國內外的知名學者，而我卻是不見經傳的無名之輩，他竟向我索書；欣慰的是，他給予熱情的鼓勵，促使我把書編好。

經過數年的努力，《魯迅研究書錄》於 1987 年 7 月，在書目文獻出版社出版。這時，戈老已從北京遷到南京富貴山。我當即攜帶一部《魯迅研究書錄》，到戈老寓所贈送給他。他非常高興，認為這是一部很有參考價值的工具書。我們談了約半小時，臨別時，他還親自簽名贈送我一部他最新出版的譯著。留作紀念。

西安魯迅研究學會副會長武德運同志，是我多年的朋友，他編了一部《外國友人憶魯迅》。他託我介紹一位既是外國文學翻譯家，又是魯迅研究專家，為他寫篇序。當時，我就推薦戈寶權先生。他認為很好。當他出差到南京開會時，我便與他同去拜訪戈老。因 1990年，戈老在醫院被診斷為患帕金森氏綜合症。無法動筆，儘管如此，還特意為該書題寫了書名。

該書出版後，武德運同志將書寄來，並給戈老寫了感謝信。我當即去戈老寓所，不料，他已病重，正在富貴山醫院治療。當時，他已不能講話。我把書和信給他看，他翻閱一下，他抱拳上下搖動幾下，表示感謝。

戈老待人平易近人，態度謙虛，熱心扶植後進，為人所稱道。

1998 年深秋，南京舉辦「魯迅到寧讀書一百周年學術討論會」。魯迅博物館陳漱渝同志應邀參加大會。會後由我陪同探望戈老，當

時，還有紹興魯迅紀念館徐東波同志，上海魯迅紀念館李浩同志，上海社科院陳夢熊同志。陳漱渝特意送了一個大花籃。這時，戈老骨瘦如柴，睡在一張窄窄的小床上。他已喪失言語，無法交談，大家都很難過，大約半個小時後，我們揮淚依依而別。

戈老延至 2000 年 5 月 15 日清晨病情惡化，搶救無效，於上午 9 時去世，終年八十八歲。

戈老生前留有遺言：「死後不開追悼會，不搞告別儀式，遺體捐獻醫學院。」

我得到戈老病逝消息之後，即於次日到富貴山去弔唁，在戈老遺像前三鞠躬，表示沉痛的悼念。並與梁培蘭在靈堂合影留念。

戈老一生不圖功名利祿，粗茶淡飯過日，寓所沒有豪華的陳設，傢俱還是五六十年的東西，被他視為珍貴的二萬餘冊的藏書，已於 1986 年捐贈給南京圖書館。

戈老逝世後一個多小時，他的夫人梁培蘭就在捐獻戈老眼角膜的有關文書上簽了字。

梁培蘭為了紀念戈老，準備出版《戈寶權紀念文集》和《戈寶權畫冊》。其中有國家領導人江澤民和李鵬等人親筆題辭。江澤民主席題辭是「文化和友誼的使者」。為戈老一生業績，作了充分肯定。

戈老的辭世，無疑是學術界的不可彌補的損失。但他兢兢業業的精神，高尚的品德，卻為我們樹立了光輝學習的典範。

治學嚴謹有方熱心扶植後進

——沉痛悼念薛綏之先生

窗外下著霏霏小雨，這天我接到上海潘頌德同志來信，展開一看，使我一驚：「薛綏之先生已不幸於今年一月十五日晚九時三十分因心臟病猝發，搶救無效逝世，終年六十二歲。」當時我疑心看錯了，又反覆看幾遍，字句如此肯定……於是，我不由自主地，便沉浸在悲痛之中。——魯研界失去了一位辛勤開拓者，而我也從此失去了一位關懷備至的良師益友。

▲薛綏之先生

我和綏之先生相識雖然時間不久，但我得到他的幫助和教益，卻是難以估計的。大約五年以前，我從泗洪縣農村調回南京圖書館。有人告訴我，綏之先生曾到龍蟠里查閱舊資料，還問起我是否還在這裏。由此推想，那是因文字關係，我們之間「神交」已經很久了。

以後我和他多次通信，並加深了友誼。凡是他的著作，都要贈送我一本。我知道他除繁重教學任務外，還要兢兢業業鑽研魯迅著作。尤其使人稱道的，是他主編的《魯迅生平史料彙編》，是一部長達三百萬字，共分五輯七冊的罕見的巨型魯迅研究資料。更使人吃驚的，他同時還主編一套《魯迅作品研究資料叢書》，這是一部多達三十冊，長達一千萬字的巨製。

　　我在南京圖書館工作已有四十年，為了崇敬魯迅，以及業務上的需要，我擔任魯迅研究資料的搜集也有三十餘年，其中的甘苦，我是深有體會的。但使我欽佩的，我還從未見到象他那樣朝氣蓬勃和兢兢業業勇攀高峰奮力拼搏者。

　　我是學圖書館學的，我懂得資料工作是一切學術研究的基礎。我為了使魯迅研究者得到資料的方便，也編輯一部工具書《魯迅研究書錄》，將六十年間一千四百餘種魯迅研究專著、專刊，按類編排，每本書作了簡要介紹，並詳列書中篇目。字數將近百萬。綏之先生對我的工作，一直關懷備至。凡是我遇到的困難，他都盡力替我解決。例如他主編的《魯迅生平史料彙編》，由於出版界普遍出書緩慢，為了我儘快得到書，他很早把書預先寄給我。我編的《書錄》，曾有過一種設想，就是每位著者，親自撰寫一篇〈自傳〉，並附照片一張。但這項工作，聯繫著者是比較困難的。但我向他索取〈自傳〉時，他很快滿足了我的需求。而且寫得如此嚴肅認真。後來他聽說我的《書錄》即將完稿付印出版，他非常高興，在數月前將他的〈自傳〉要回去修改，很快就寄還給我了。萬也沒有想到，他竟這樣突然與世長辭。這份手跡留在我這裏，它會給我帶來難以忘懷的思念和長久的痛苦。

　　1982 年，我應邀去杭州參加魯迅研究學會舉辦的學術討論會，我與綏之先生第一次見面。當時給我的印象，他性格爽朗，很有朝氣，並不像有病的人。我們在西湖賓館休息室，作了一次短暫談話。他對我給予不少支持和鼓勵。我對他的工作繁重，希望他多注意身體健康。這次會議，還安排會員去紹興參觀魯迅故居。我們還一同參觀咸亨酒店。當時，我主動邀請他，在咸亨酒店門前合影留念。我還邀請王士菁先生、許懷中先生也參加合拍。那天，綏之先生還

笑嘻嘻地提著兩瓶當地名產紹興酒。他是那樣樂觀、開朗、活潑。不料，愉快一面之後，竟成永訣，從此，我再也沒有和他會過面了。

綏之先生是很細心的人，有一次我在《魯迅研究動態》上，發表一篇魯迅研究專著書目，其中有一本書遺漏兩個字，他也來信告訴我，足見他的熱心。我在《書錄》後記上，對他的真摯友誼，我寫下了對他的感謝。我也極希望他早日能見到該書的出版。不料，事與願違，他未能見到《書錄》的出版，就去世了，這是非常遺憾的事。

窗外的雨下得更大了，迎面的玻璃窗也因雨水模糊起來，已看不到外面的景色了。而我的眼睛，幾次被滾動的淚水，遮住了我的視線，多次中斷我的寫字。這時，我感到如此蠢拙，我好像有許多話要說，但又不知從何說起。

我抬頭看看書架，綏之先生贈送我的《魯迅生平史料彙編》四巨冊，整整齊齊地排列著，綏之先生為它曾經花費多少心血和精力。它將是鼓勵我勇往直前的動力的源泉。我要加倍愛護它，珍惜他的勞績，並沿著他的腳步向前邁進。

謹以此文悼念綏之先生，並向他家屬致以誠摯的慰問。

沉痛悼念吳奔星先生

吳奔星先生是魯研界的老前輩，曾任南京師範大學中文系教授、江蘇魯迅研究學會會長。他治學嚴謹、為人正直、對人寬厚，因而受到人民的尊敬和愛戴。

▲詩人學者吳奔星教授

2002 年他因腦部摔傷漸失記憶，經多方醫治，延至 2004 年 4 月 20 日，醫治無效而病故，享年九十二歲。

我從 1982 年與先生相識，現回憶幾件事，作為沉痛的悼念。

一、倡議南京成立魯迅紀念館

魯迅先生是我國偉大的思想家、革命家和文學家，不僅在國內享有盛譽，而且在世界上，也具有崇高的地位。

為了紀念魯迅先生，紹興、北京、上海、廣州，都有魯迅紀念館。使人遺憾的是，魯迅青年在南京求學，以後又曾在南京教育部工作過，前後長達四年之久。魯迅在南京讀書時，接受了新知識、新思想。南京是魯迅成長的搖籃。但南京卻沒有紀念館。為此，吳先生多次倡議在南京成立魯迅紀念館。但因種種原因，未能實現，但他從不灰心，每次開會，都要提到這件事。即使在病中，還念念不忘。

直到 2003 年，終於被上級批准，在南京成立魯迅紀念館，毫無疑問，吳奔星先生呼籲功不可沒。

二、在學術討論上倡導民主化

在魯迅研究史上，長期存在一種模式，對不同意見，往往以勢壓人。吳先生認為學術討論，應該民主化，尤其對青年學者，要以寬容對待。例如，邢孔榮曾經發表過對魯迅錯誤批評的言論，吳奔星先生倡議江蘇魯迅研究學會在南京舉辦學術討論會，並邀請邢孔榮參加。吳先生聲明，邀請邢孔榮參加，並非同意他的觀點，而是通過自由討論，達到共識。

這次討論，取得良好效果。邢孔榮事後說，江蘇魯迅學會會員態度是真誠的，並表示受到很大教育和啟發。

三、對晚輩的關懷和鼓勵

吳奔星先生是資深魯迅研究老前輩，他對晚輩，熱心幫助和扶持，凡是學術上有些成就，他都給予鼓勵。例如，周正章同志雖然是醫生，但對魯迅研究卻有獨到見解，有觀點，有論據，掌握資料很豐富，邏輯性很強，認為他是撰寫辯論文章的佼佼者。

我搞魯迅研究資料多年，曾經花了二十年搜集魯迅研究專著，編了一本工具書，名為《魯迅研究書錄》。出版後我曾經送吳先生一冊。他非常高興，認為過去有些人輕視資料工作，是非常錯誤的。他對我鍥而不捨的精神，給予肯定。他說，將來南京成立魯迅紀念館時，一定聘請我擔任資料工作，給予我很大鼓勵。

四、對學會領導有方

　　吳奔星先生長期擔任江蘇魯迅研究學會會長，多年來從事學術研究，取得豐碩成果。會員出版學術論著 20 餘部，論文 4000 篇，在全國魯研界，有著不可忽視的影響和貢獻。

　　另外，吳先生為人正直，不搞歪門邪道，使學會內部非常團結友好，因而受到學術界的一致好評，並和廣東魯迅研究學會結成友好學會。顯然，這些成果，是和吳先生領導有方分不開的。

　　吳奔星先生因病去世，對學術界是巨大損失，但他的偉大精神和風範，將永遠活在我們心中。

2004 年 5 月 10 日

自學成才的典範

——回憶馬蹄疾同志二三事

馬蹄疾同志是知名的魯迅史料專家。不幸於 1996 年 1 月 1 日，在瀋陽因病逝世。他年僅六十歲，便英年早逝，這在魯迅研究界是極大的損失。

▲馬蹄疾先生

我與馬蹄疾同志，早在五十年代，便有了「文字之交」。1983 年秋季，我們同去魯迅博物館參與《魯迅大辭典》編輯工作，曾相處兩個月。因此，對他為人的寬厚，以及嚴謹的治學精神，極為敬佩。現回憶二三事，謹表深切的哀悼。

馬蹄疾同志，生於 1936 年，紹興人。原名陳宗棠。「馬蹄疾」是他使用最多的筆名。另外，還有甄索、余越人、蔡爾楚、顧蒙山等筆名。

馬蹄疾同志家貧多病，1951 年畢業於紹興龍山小學，考入初中不久，便因病輟學。在家自學文學八年，隨即開始文學創作。1958 年曾進溫州鹿城機械廠當過製鎖工人。1972 年到鞍鋼水泥廠當磨機工。

馬蹄疾同志最初是研究中國古典文學《水滸傳》的，後來專攻魯迅史料，曾先後出版《讀魯迅書信札記》、《魯迅講演考》、《魯迅和他的同時代人》、《魯迅與新興木刻運動》、《魯迅生活中的女性》等十餘部專著，在魯迅研究界作出極大的貢獻。

為人們所稱道的，他僅有小學文化程度，竟有這樣卓越成就，這完全是他勤奮自學的成果，因而受到學者的崇敬。

在八十年代，馬蹄疾同志擔任遼寧《魯迅學刊》編輯工作，我曾經投寄一些有關魯迅的資料短文，都被採用，因而結下了深厚友誼。

1983 年深秋，我們在魯迅博物館參與《魯迅大辭典》工作，住在「魯迅故居」隔壁小平房裏，雖然並不住在一個房間，但卻靠得很近，記得他正在編《魯迅全集》有關《人名索引》，夜以繼日，非常忙碌。夜深人靜，他房內的燈還亮著，仍在埋頭工作著。

馬蹄疾同志任《魯迅大辭典》編委，為人名分冊和書刊分冊主要撰稿人，撰寫辭條計八十五萬字。後來由他統稿，花了不少精力。遺憾的是，該辭典尚未面世，他已離開人世。

在生活上，他非常簡樸，我們在魯博食堂吃飯。有時外出，來不及在食堂吃，便在外邊吃水餃，既經濟，又實惠。

他在食堂吃簡便的飯菜，除了節省、衛生之外，更重要的是節約寶貴時間，以把時間充分地用在工作上。他從不隨便在外面大吃大喝，據他說，不要花冤枉錢在飲食上，這樣可以把省下的錢，用來多買幾本參考書。

他珍惜每一分鐘時間，甚至連開水也不肯多喝，這樣可以減少小便的次數。為了工作，他連理髮的時間都沒有。據說，有一次，他因事到李何林先生家裏彙報工作，剛一進門，李老便說：「馬蹄疾同志，該理理髮了，怒髮衝冠，實在難看！」傳為美談。

馬蹄疾對魯迅史料極為熟悉，這和他平時刻苦鑽研是分不開的。他除了大量閱讀有關資料外，還虛心向別人請教。早在 1957 年，就開始與浙江師範學院教授夏承燾通信，商討學術問題。在詞學家夏承燾熱心指導下，他在古典文學上獲益甚多。

　　但也有不熱心的人，據說，有一次他去上海拜訪一位搞清末小說史料的學者，想討教搜集資料的方法，不料，這位學者很不熱心，一問三不知，「不把金針度與人」。

　　其實，馬蹄疾同志通過刻苦摸索和實踐，對史料工作以及積累資料的方法，有他獨到之處。他對培養青年極為關注，多次去學校講演，介紹他怎樣使用資料和怎樣寫作等問題，並解答青年學生所提出的問題。因此，使青年大開眼界，獲得寶貴知識，因而受到青年的愛戴。

　　馬蹄疾同志對魯迅書信有較深的研究，他為了獲得資料，曾自費郵發一千多封信給全國各地的三十多家圖書館，查了上千種書，抄錄上萬張卡片，終於寫成了六十萬字的《魯迅書信繫年考》和十二萬字的《讀魯迅書信札記》。

　　香港《大公報》於 1990 年 7 月 23 日發表專評，指出：「馬蹄疾的作品，以史料考證翔實勝，無論是魯迅書信研究，還是魯迅和他的同時代人研究，他都能挖掘出嶄新的資料。令人讚歎不已。」給予極高評價。

　　馬蹄疾除了廣泛搜集文字資料之外，還特別重視未發表過的活資料。他不辭勞苦向當事人進行調查訪問。例如，他有一次給我來信說，南京有一位姓黃的小學老師，因為與魯迅有點關係，要我代他聯繫，這位黃老師是否健在。接信後，我當即打電話聯繫，據說，此人已於數年前移居香港了。事情雖無結果，但他認真和執著的精神，使我非常欽佩。

　　蹄疾為人熱情寬厚，紹興有一位業餘魯迅研究者，名叫陳雲坡，他原在銀行工作，曾編有《魯迅家乘及其軼事》，因歷史問題，未能出版，後來竟被單位開除了。生活潦倒，幾乎淪為乞丐，在路

邊擺書攤度日。他對陳雲坡深表同情，在 1960 年調往北京工作時，臨行之際，把一些舊書，送給陳雲坡變賣，用以維持生計。

蹄疾與朋友交往，喜歡贈書，我先後獲得精緻的《魯迅與浙江作家》、《讀魯迅書信札記》、《文壇藝苑軼話》等多種。

蹄疾同志另一美德，是對人謙虛，例如，我們在魯博相處時，有一天，他接到出版社寄來《魯迅和他的同時代人》專著的清樣，他要我替他校對一下，我認真看了一遍，校出一些打錯或誤植的錯字，本來算不得什麼，可他非常感謝，謙虛地說我「把關把得好」。

蹄疾出書很重視插圖，因為他知道我與曹藝先生相識，他托我向曹老聯繫，他需要曹聚仁在三十年代的一張照片。受他委託，自當盡力。我回去之後，便去曹藝家中談及此事，曹老從珍藏曹聚仁照片中，選了一張，作為《魯迅和他的同時代人》專著的插圖。他對曹老的支持，深表感謝。

馬蹄疾同志寫作極為勤奮。他曾經對我說，他編輯《許廣平憶魯迅》一書，日夜編寫，其中有四天只睡了兩次覺，竟接連幹了兩個通宵。大家除欽佩他的艱苦精神外，為了愛護他，勸他來日方長，何必如此拼命，這樣要累壞了身體。他對此卻付之一笑。

我們相處雖然不長，但閒談中，卻獲得不少啟發，例如，他在編輯《魯迅學刊》時，認為編輯要有職業道德，例如，作者寄來的稿件，必須尊重，即使自己有一篇相類似的文稿，甚至比來稿還要好些，他寧可不登自己的稿子，也要登外稿。另外又提到，在同行中，應倡導光明正大去競爭，反對背後搞小動作，拆人家的台。由此可見他為人的正直。

我在魯迅博物館工作不長，只有兩個月，後因單位來信，催我回去，陳漱渝同志認為，初次借調，不妨先回去，以後再說。世事

多變，以後我一直沒有機會再來。臨別時，馬蹄疾同志要送我去火車站。我堅決辭謝，說他是大忙人，不要浪費時間，但他還是要送。最後決定，只送到汽車站就行了。這天，他替我拎著簡單提包，把我送到站上。不久，來了一輛車子，他把我送到車上，我催他趕快回去，他要我路上小心，並好好保重身體，隨即下了車。我望著他的背影匆匆地在人來人往的鬧市中消失了。誰也沒有料到，我們便從此永訣了。

　　回憶往事，歷歷在目。現僅以此文，謹作為對他深切的懷念。

附錄

1950-1999 年魯迅研究著作目錄

紀維周 編

　　本專題書目，時限以 1950 年起，至 1999 年為止；所選論著，以公開出版的專著為限；專著內容，偏重學術性，其次是魯迅傳記，以及事蹟考證的專書；排列以出版先後為序。編選時，雖經過嚴格篩選，但難免有疏漏之處，歡迎讀者批評、指正。

1950 年

魯迅全集校讀記（孫用），上海作家書屋，64 頁，1950 年 3 月

魯迅全集正誤表（孫用），上海作家書屋，84 頁，1950 年 3 月

魯迅思想研究（何干之），三聯書店，228 頁，1950 年 4 月

魯迅作品及其他（胡今虛），泥土社，106 頁，1950 年 5 月

論魯迅（胡今虛），泥土社，61 頁，1950 年 12 月

1951 年

魯迅（王士菁），三聯書店，59 頁，1951 年 10 月

魯迅──偉大的思想家與偉大的革命家（徐懋庸），中南人民出版社，54 頁，1951 年 12 月

1952 年

我所認識的魯迅（許壽裳），人民文學出版社，86 頁，1952 年 8 月

魯迅散論（修訂本）（雪葦），新文藝出版社，208 頁，1952 年 11 月

關於魯迅的短篇小說〈藥〉和〈祝福〉初稿（傅魯），西安西北藝
　　術生活社，32 頁，1952 年 11 月

1953 年

《阿 Q 正傳》研究（耿庸），泥土社，143 頁，1953 年 5 月

亡友魯迅印象記（許壽裳），人民文學出版社，116 頁，1953 年 6 月

魯迅思想的邏輯發展（華崗），新文藝出版社，228 頁，1953 年 8 月

魯迅作品的分析（第一卷）（朱彤），東方書店 144 頁，1953 年 9 月

魯迅精神（李霽野），文化工作社，157 頁，1953 年 12 月

1954 年

魯迅作品的分析（第二卷）（朱彤），東方書店，181 頁，1954 年 3 月

關於魯迅的生活（許廣平），人民文學出版社，69 頁，1954 年 6 月

魯迅作品的分析（朱彤），東方書店，121 頁，1954 年 10 月

魯迅在廈門（陳夢韶），作家出版社，76 頁，1954 年 10 月

魯迅《野草》探索（衛俊秀），泥土社，212 頁，1954 年 12 月

1955 年

魯迅生平思想及其代表作研究（徐中玉），自由出版社，372 頁，1955
　　年 2 月

《故鄉》研究（孟蒙），山東人民出版社，61 頁，1955 年 3 月

1956 年

論《野草》（馮雪峰），新文藝出版社，38 頁，1956 年 3 月

魯迅小說論集（李桑牧），長江文藝出版社，196 頁，1956 年 5 月

《吶喊》分析（許欽文），中國青年出版社，87 頁，1956 年 7 月

魯迅作品論集（中國青年出版社編輯部），中國青年出版社，163 頁，
　　1956 年 9 月

魯迅在廣州的日子（曾敏之），廣東人民出版社，96 頁，1956 年 9 月

魯迅的小說（巴人），新文藝出版社，47 頁，1956 年 10 月

論魯迅的創作（張泗洋等），吉林人民出版社，172 頁，1956 年 10 月

辛亥革命前的魯迅先生（王冶秋），新文藝出版社，102 頁，1956 年
　　10 月

魯迅先生的幼年時代（許欽文），浙江人民出版社，57 頁，1956 年
　　10 月

1957 年

魯迅雜文的藝術特徵（唐弢），新文藝出版社，29 頁，1957 年 1 月

魯迅先生為什麼要寫《阿 Q 正傳》（徐嘉瑞等），雲南人民出版社，
　　60 頁，1957 年 2 月

魯迅的青年時代（周啟明），中國青年出版社，134 頁，1957 年 3 月

魯迅研究（劉泮溪、孫昌熙、韓長經），作家出版社，358 頁，1957
　　年 4 月

《故事新編》及其他（何家槐），中國青年出版社，96 頁，1957 年
　　4 月

關於魯迅的小說、雜文及其他（徐中玉），新文藝出版社，112 頁，
　　1957 年 6 月

魯迅作品研究（江蘇省文聯），江蘇人民出版社，140 頁，1957 年 9 月

論阿 Q 和他的悲劇（王西彥）新文藝出版社，308 頁，1957 年 9 月

《故事新編》的思想意義和藝術風格（文藝月報編輯部），新文藝
　　出版社，120 頁，1957 年 10 月

魯迅的文藝思想（以群），新文藝出版社，67 頁，1957 年 10 月

魯迅在文藝戰線上（唐弢），中國青年出版社，188 頁，1957 年 12 月

1958 年

魯迅研究箚記（胡冰），新文藝出版社，134 頁，1958 年 1 月

魯迅創作的藝術技巧（朱彤），新文藝出版社，170 頁，1958 年 3 月

魯迅——他的生平和創作（王士菁），中國青年出版社，211 頁，1958
　　年 5 月

《彷徨》分析（許欽文），中國青年出版社，106 頁，1958 年 6 月

1959 年

魯迅作品講話（何家槐），長江文藝出版社，101 頁，1959 年 3 月

魯迅——中國文化革命的巨人（姚文元），上海文藝出版社，247 頁，
　　1959 年 9 月

心靈的歷程（李桑牧），長江文藝出版社，221 頁，1959 年 10 月

1961 年

學習魯迅和瞿秋白作品箚記（修訂本）（丁景唐），上海文藝出版
　　社，238 頁，1961 年 9 月

1962 年

魯迅——偉大的革命家、思想家和文學家（王士菁），81 頁，1962
年 7 月

1964 年

魯迅舊詩箋注（張向天），廣東人民出版社，218 頁，1964 年 3 月
魯迅和他的作品（林志浩），北京出版社，55 頁，1964 年 6 月

1970 年

魯迅傳（上）（石一歌），上海人民出版社，148 頁，1970 年 4 月
魯迅年譜（曹聚仁），香港三育圖書文具公司，351 頁，1970 年 10 月

1973 年

魯迅的生平及雜文（李何林），陝西人民出版社，142 頁，1973 年 5 月
紀念魯迅先生（李霽野），陝西人民出版社，77 頁，1973 年 7 月

1976 年

魯迅書簡（致曹靖華）（魯迅）（曹靖華注），上海人民出版社，203
頁，1976 年 7 月

1977 年

學習魯迅文藝思想（藍海等），山東人民出版社，116 頁，1977 年 7 月
魯迅詩文生活雜談（張向天），香港上海書局，250 頁，1977 年 10 月
魯迅在廣州（張競），廣東人民出版社，121 頁，1977 年 11 月

1978 年

魯迅與女師大學生運動（陳漱渝），北京人民出版社，145 頁，1978
　　年 2 月

《朝花夕拾》淺析（紹興魯迅紀念館、廈門大學中文系），福建人
　　民出版社，191 頁，1978 年 6 月

《阿 Q 正傳》的思想和藝術（鄭擇魁），浙江人民出版社，80 頁，
　　1978 年 10 月

魯迅前期思想發展史略（林非），上海文藝出版社，148 頁，1978 年
　　11 月

魯迅在北京（陳漱渝），天津人民出版社，172 頁，1978 年 12 月

1979 年

魯迅論文學藝術（邱文治），陝西人民出版社，250 頁，1979 年 2 月

魯迅年譜（復旦大學、上海師大、上海師院《魯迅年譜》編寫組），
　　安徽人民出版社上、下兩冊，1979 年 3 月

「魯迅論文藝遺產」淺探（吳雲），陝西人民出版社，178 頁，1979
　　年 4 月

魯迅文藝思想散論（蕭榮等），浙江人民出版社，172 頁，1979 年 5 月

魯迅年譜（鮑昌、邱文治），天津人民出版社，上、下兩冊，1979 年
　　6 月

魯迅思想論集（袁良駿），天津人民出版社，231 頁，1979 年 6 月

魯迅思想的發展（修訂本）（李永壽），陝西人民出版社，214 頁，
　　1979 年 6 月

魯迅在教育部（孫瑛），天津人民出版社，96 頁，1979 年 8 月

魯迅詩選釋（彭定安），遼寧人民出版社，146 頁，1979 年 9 月

魯迅詩歌解析（景周），雲南人民出版社，330 頁，1979 年 9 月

東鄰散記——魯迅在日本及其他（李連慶），上海文藝出版社，160
　　頁，1979 年 9 月

和魯迅相處的日子（川島），四川人民出版社，161 頁，1979 年 9 月

魯迅——文化新軍的旗手（唐弢），湖南人民出版社，136 頁，1979
　　年 10 月

魯迅小說論稿（林非），天津人民出版社，145 頁，1979 年 10 月

魯迅回憶錄正誤（朱正），湖南人民出版社，244 頁，1979 年 10 月

魯迅日記書信詩稿箋記（張向天），香港三聯書店，230 頁，1979 年
　　11 月

讀魯迅舊詩小箚（王爾齡），天津人民出版社，172 頁，1979 年 12 月

魯迅和自然科學（修訂本）（劉再復等），科學出版社，284 頁，1979
　　年 12 月

1980 年

魯迅的文學道路（馮雪峰），湖南人民出版社，272 頁，1980 年 1 月

魯迅書簡追憶（黃源），浙江人民出版社，121 頁，1980 年 1 月

魯迅思想的發展道路（袁良駿），北京出版社，114 頁，1980 年 2 月

論魯迅前期思想（武漢大學中文系現代文學研究室），天津人民出
　　版社，197 頁，1980 年 3 月

魯迅小說藝術箚記（孫中田），吉林人民出版社，131 頁，1980 年 3 月

《輯錄古籍序跋集》譯注（福建師範大學中文系），福建人民出版
　　社，292 頁，1980 年 3 月

魯迅詩歌注（修訂本）（周振甫），浙江人民出版社，297 頁，1980 年
　　3 月

魯迅演講資料鉤沉（修訂本）（朱金順），湖南人民出版社，209 頁，
　　1980 年 4 月

魯迅的印象（[日]增田涉，鍾敬文譯），湖南人民出版社，140 頁，
　　1980 年 5 月

魯迅先生二三事（孫伏園），湖南人民出版社，98 頁，1980 年 5 月

《魯迅日記》箚記（包子衍），湖南人民出版社，241 頁，1980 年 5 月

魯迅研究論叢（《社會科學戰線》），吉林人民出版社，320 頁，1980 年
　　5 月

讀魯迅書信箚記（馬蹄疾），湖南人民出版社，184 頁，1980 年 6 月

魯迅先生與未名社（李霽野），湖南人民出版社，257 頁，1980 年 7 月

第一塊基石（王西彥），上海文藝出版社，456 頁，1980 年 7 月

魯迅筆名索解（李允經），四川人民出版社，236 頁，1980 年 7 月

魯迅論稿（陳安湖），湖南人民出版社，338 頁，1980 年 9 月

魯迅創作思想的辯證法（許懷中），福建人民出版社，249 頁，1980 年
　　10 月

魯迅筆名探索（高信），陝西人民出版社，228 頁，1980 年 10 月

魯迅舊詩淺說（倪墨炎），上海人民出版社，256 頁，1980 年 10 月

魯迅的教育思想和實踐（顧明遠等），人民教育出版社，292 頁，1980
　　年 12 月

1981 年

魯迅《野草》注解（李何林），陝西人民出版社，196 頁，1981 年 1 月

魯迅作品難句解（王爾齡、夏康達），湖南人民出版社，252 頁，1981
　　年 4 月

《吶喊》、《彷徨》的思想與藝術（李希凡），上海文藝出版社，358
　　頁，1981 年 4 月

魯迅傳（王士菁），中國青年出版社，273 頁，1981 年 4 月

珍貴的紀念（征農），陝西人民出版社，166 頁，1981 年 4 月

魯迅和外國作家（張華），陝西人民出版社，167 頁，1981 年 4 月

魯迅小說講話（許傑），陝西人民出版社，234 頁，1981 年 4 月

魯迅名篇析疑（邱文治），陝西人民出版社，198 頁，1981 年 4 月

地獄邊沿的小花──魯迅散文詩初探（閔抗生），陝西人民出版社，
　　202 頁，1981 年 5 月

和魯迅相處的日子（川島），人民文學出版社，110 頁，1981 年 5 月

文學論文集及魯迅珍藏有關北師大史料（北京師範大學中文系），
　　北京師範大學出版社，451 頁，1981 年 5 月

魯迅評傳（曾慶瑞），四川人民出版社，796 頁，1981 年 5 月

欣慰的紀念（許廣平），人民文學出版社，200 頁，1981 年 5 月

略講關於魯迅的事情（喬峰），人民文學出版社，50 頁，1981 年 5 月

《野草》詮釋（許傑）百花文藝出版社，270 頁，1981 年 6 月

魯迅美學思想論稿──關於真善美的思想和探索（劉再復），537
　　頁，1981 年 6 月

魯迅給蕭軍蕭紅信箋注釋錄（蕭軍），黑龍江人民出版社，242 頁，
　　1981 年 6 月

魯迅哲學思想研究（張琢），湖北人民出版社，326 頁，1981 年 6 月

《吶喊》、《彷徨》和它們的時代（衛建林），浙江人民出版社，175
　　頁，1981 年 6 月

魯迅手稿管窺（朱正），湖南人民出版社，218 頁，1981 年 6 月

魯迅傳略（吳中傑）上海文藝出版社，311 頁，1981 年 6 月

魯迅創作道路初探（王士菁）中國社會科學出版社，177 頁，1981 年
　　6 月

魯迅小說裏的人物（周遐壽）人民文學出版社，209 頁，1981 年 7 月

魯迅在世界文學上的地位（戈寶權），陝西人民出版社，59 頁

魯迅誕辰百年紀念集（魯迅博物館魯迅研究室），湖南人民出版社，
　　551 頁，1981 年 7 月

人民文豪魯迅（平心），上海文藝出版社，169 頁，1981 年 7 月

魯迅舊詩集解（張恩和），天津人民出版社，452 頁，1981 年 7 月

魯迅思想探索（齊一），上海人民出版社，230 頁，1981 年 7 月

佛洛德・蜾蠃及其他──魯迅著作中的自然科學史知識（余鳳高），
　　湖南人民出版社，192 頁，1981 年 7 月

魯迅與中日文化交流（劉獻彪等），湖南人民出版社，532 頁，1981 年
　　8 月

魯迅詩歌賞析（王維桑）福建人民出版社，192 頁，1981 年 8 月

魯迅的故家（周遐壽），人民文學出版社，219 頁，1981 年 8 月

魯迅在紹興（謝德銑等），浙江人民出版社，227 頁，1981 年 8 月

魯迅傳（林志浩），北京出版社，501 頁，1981 年 8 月

魯迅舊詩新探（吳奔星），江蘇人民出版社，184 頁，1981 年 8 月

魯迅思想研究（馬良春），中國社會科學出版社，188 頁，1981 年 8 月

魯迅思想發展論稿（正一），四川人民出版社，340 頁，1981 年 8 月

魯迅小說論稿（陳鳴樹），上海文藝出版社，258 頁，1981 年 8 月

魯迅文藝思想初探（王永生），寧夏人民出版社，468 頁，1981 年 9 月

《阿 Q 正傳》在國外（戈寶權），人民文學出版社，91 頁，1981 年
　　9 月

魯迅與自然科學論叢（公盾），廣東科技出版社，362 頁，1981 年 9 月

魯迅年譜（第一卷）（李何林），人民文學出版社，395 頁，1981 年
　　9 月

魯迅事蹟考（林辰），人民文學出版社，135 頁，1981 年 9 月

魯迅講演考（馬蹄疾），黑龍江人民出版社，576 頁，1981 年 9 月

魯迅與俄羅斯古典文學（韓長經），上海文藝出版社，193 頁，1981 年
　　9 月

國外魯迅研究論集(1960-1981)（樂黛雲），北京大學出版社，521 頁，
　　1981 年 10 月

讀《中國小說史略》箚記（儲大泓），上海文藝出版社，233 頁，1981
　　年 10 月

論《華蓋集》及其《續編》（王錦泉），湖南人民出版社，142 頁，
　　1981 年 10 月

魯迅的青少年時代（張能耿），陝西人民出版社，388 頁，1981 年
　　11 月

魯迅早期事蹟別錄（張能耿），河北人民出版社，211 頁，1981 年
　　11 月

魯迅研究百題（朱正），湖南人民出版社，581 頁，1981 年 11 月

魯迅研究論文集（山東人民出版社），山東人民出版社，636 頁，1981
　　年 12 月

魯迅舊體詩臆說（曹禮吾），湖南人民出版社，143 頁，1981 年 12 月

魯迅傳（林非、劉再復），中國社會科學出版社，378 頁，1981 年
　　12 月

1982 年

魯迅美學思想淺探（張頌南），浙江人民出版社，208 頁，1982 年 1 月

魯迅詩解（張紫晨），中國社會科學出版社，300 頁，1982 年 2 月

《野草》藝術談（李國濤），山西人民出版社，176 頁，1982 年 3 月

關於魯迅的論考與回想（鍾敬文），陝西人民出版社，211 頁，1982 年
　4 月

北京大學紀念魯迅百年誕辰論文集（王瑤等），北京大學出版社，
　413 頁，1982 年 4 月

魯迅《摩羅詩力說》注釋‧今譯‧解說（趙瑞蕻），天津人民出版
　社，304 頁，1982 年 4 月

魯迅雜文箚記（陳鳴樹），江蘇人民出版社，368 頁，1982 年 4 月

魯迅書信考釋（王景山），文化藝術出版社，198 頁，1982 年 4 月

魯迅與中國文學（王瑤），陝西人民出版社，148 頁，1982 年 5 月

《吶喊》、《彷徨》藝術特色探索（邵伯周），四川人民出版社，177
　頁，1982 年 5 月

魯迅研究論文集（北京市魯迅研究學會籌委會），四川人民出版社，
　398 頁，1982 年 6 月

魯迅史實新探（增訂本）（陳漱渝），湖南人民出版社，467 頁，1982
　年 6 月

《魯迅全集》校讀記（孫用），湖南人民出版社，506 頁，1982 年 6 月

《野草》淺析（石尚文等），長江文藝出版社，182 頁，1982 年 6 月

《野草》研究（孫玉石），中國社會科學出版社，376 頁，1982 年 6 月

魯迅評傳（彭定安），湖南人民出版社，585 頁，1982 年 7 月

魯迅文藝思想論稿（吳中傑），山西人民出版社，205 頁，1982 年 7 月

《兩地書》研究（王得后），天津人民出版社，240 頁，1982 年 7 月

魯迅「國民性思想」討論集（鮑昌），天津人民出版社，445 頁，1982
年 8 月

一個偉大尋求者的心聲（李希凡），上海文藝出版社，305 頁，1982 年
8 月

魯迅與中國古典小說（許懷中），陝西人民出版社，318 頁，1982 年
8 月

魯迅詩淺析（鄭心伶），花山文藝出版社，349 頁，1982 年 8 月

魯迅與他的老師（魏若華），寧夏人民出版社，126 頁，1982 年 8 月

魯迅與北京風土（鄧雲鄉），文史資料出版社，236 頁，1982 年 8 月

魯迅傳略（朱正）人民文學出版社，380 頁，1982 年 9 月

六十年來魯迅研究論文選（李宗英、張夢陽），中國社會科學出版
社上、下兩冊，1982 年 9 月

魯迅與許壽裳（羅慧生），浙江人民出版社，217 頁，1982 年 9 月

魯迅散論（任訪秋），陝西人民出版社，190 頁，1982 年 9 月

茅盾論魯迅（查國華等），山東人民出版社，187 頁，1982 年 9 月

魯迅創作藝術談（南開大學中文系魯迅研究室），天津人民出版社，
360 頁，1982 年 9 月

《故事新編》試析（孫昌熙等），福建人民出版社，223 頁，1982 年
9 月

論阿 Q 精神勝利法的哲理和心理內涵（呂俊華），陝西人民出版社，
140 頁，1982 年 9 月

魯迅的愛和憎（王士菁），天津人民出版社，249 頁，1982 年 10 月

《魯迅日記》中的我（許欽文），浙江人民出版社，134 頁，1982 年
11 月

《野草》賞析（揚州師範學院中文系現代文學教研室），福建人民
　　出版社，217 頁，，1982 年 11 月

1983 年

魯迅研究論文集，吉林人民出版社，313 頁，1983 年 1 月

魯迅世界（[日]山田敬三著，韓貞全譯等），山東人民出版社 286 頁，
　　1983 年 1 月

魯迅思想論綱（杜一白），寧夏人民出版社，322 頁，1983 年 1 月

紀念魯迅誕生一百周年文獻資料集（人民文學出版社），人民文學
　　出版社，330 頁，1983 年 2 月

紀念魯迅誕生一百周年學術討論會論文選（魯迅誕生一百周年紀念
　　委員會學術活動組），湖南人民出版社，551 頁，1983 年 2 月

魯迅年譜（第二卷）（李何林），人民文學出版社，417 頁，1983 年
　　4 月

魯迅雜文的藝術特質（閻慶生），陝西人民出版社，248 頁，1983 年
　　4 月

《故事新編》論析（張仲浦等），浙江人民出版社，150 頁，1983 年
　　5 月

摩羅詩力說材源考（[日]北岡正子著，何乃英譯），北京師範大學出
　　版社，233 頁，1983 年 5 月

魯迅思想方法漫談（童熾昌），陝西人民出版社，221 頁，1983 年 5 月

魯迅文藝思想新探（孫昌熙等），天津人民出版社，297 頁，1983 年
　　6 月

魯迅詩歌簡論（劉揚烈等），重慶出版社，308 頁，1983 年 6 月

魯迅與歷史、文學及其他（李鴻然），長江文藝出版社，144 頁，1983
　　年 6 月

民族魂——魯迅的一生（陳漱渝），浙江文藝出版社，191 頁，1983
　　年 7 月

魯迅研究論文集（浙江魯迅研究學會），浙江文藝出版社，592 頁，
　　1983 年 7 月

魯迅遺產探索（徐中玉），上海文藝出版社，216 頁，1983 年 8 月

《故事新編》新探（周凡英），花山文藝出版社，296 頁 1983 年 10 月

魯迅思想論稿（彭定安），浙江文藝出版社，240 頁，1983 年 10 月

魯迅思想與雜文藝術（邵伯周），陝西人民出版社，312 頁，1983 年
　　10 月

魯迅歷史觀探索（黃侯興），陝西人民出版社，201 頁，1983 年 10 月

魯迅前期小說與俄羅斯文學（王富仁），陝西人民出版社，196 頁，
　　1983 年 10 月

學習魯迅作品的箚記（增訂本）（丁景唐），上海文藝出版社，434 頁，
　　1983 年 12 月

1984 年

《故事新編》研究資料（孟廣來、韓日新），山東文藝出版社 705 頁，
　　1984 年 1 月

論魯迅小說中的人物（屈正平），內蒙古人民出版社 204 頁，1984 年
　　1 月

魯迅年譜（第三卷）（李何林），人民文學出版社 490 頁，1984 年 1 月

魯迅論（李何林），陝西人民出版社 188 頁，1984 年 2 月

《故事新編》的論辯和研究（李桑牧），上海文藝出版社 304 頁，
　　1984 年 2 月

魯迅散論（劉雪葦），湖南人民出版社 146 頁，1984 年 3 月

論《故事新編》的思想藝術及歷史意義（林非），天津人民出版社
　　202 頁，1984 年 4 月

魯迅與日本（李連慶），世界知識出版社，139 頁，1984 年 4 月

《故事新編》新探（山東省魯迅研究會），山東文藝出版社，292 頁，
　　1984 年 4 月

魯迅小說綜論（楊義），陝西人民出版社，354 頁，1984 年 4 月

魯迅論（陳湧），人民文學出版社，334 頁，1984 年 5 月

西安地區紀念魯迅誕生一百周年文集（西安地區紀念魯迅誕生一百
　　周年大會），陝西人民出版社 595 頁，1984 年 5 月

魯迅革命活動考述（倪墨炎），上海文藝出版社，239 頁，1984 年 5 月

魯迅的思想和藝術（陳鳴樹），陝西人民出版社，314 頁，1984 年 6 月

魯迅景宋通信集（《兩地書》的原信）（周海嬰整理），湖南人民出
　　版社，384 頁，1984 年 6 月

高山仰止（聶紺弩），人民文學出版社，141 頁，1984 年 7 月

魯迅故家的敗落（周建人口述，周嘩編寫），湖南人民出版社，321
　　頁，1984 年 7 月

當代作家談魯迅（西北大學魯迅研究室），西北大學出版社，224 頁，
　　1984 年 7 月

魯迅與浙江作家（馬蹄疾），香港華風書局，280 頁，1984 年 8 月

一個偉大愛國者前進的足跡──魯迅愛國主義思想論集（《魯迅研
　　究》編輯部），天津人民出版社，224 頁，1984 年 8 月

魯迅思想研究（易竹賢），武漢大學出版社，302 頁，1984 年 8 月

魯迅後期思想研究（倪墨炎），人民文學出版社，486 頁，1984 年 8 月

魯迅的美學思想（唐弢），人民文學出版社，298 頁，1984 年 8 月

魯迅作品論集（王瑤），人民文學出版社，415 頁，1984 年 8 月

魯迅年譜（第四卷）（李何林），人民文學出版社，467 頁，1984 年
　　9 月

論魯迅的文藝批評（王永生），貴州人民出版社，410 頁，1984 年
　　10 月

魯迅小說獨創性初探（陸耀東、唐達暉），湖南人民出版社，247 頁，
　　1984 年 10 月

論魯迅的雜文（巴人），上海書店出版社，168 頁，1984 年 12 月

1985 年

魯迅詩淺析（修訂本）（鄭心伶），花山文藝出版社，361 頁，1985 年
　　4 月

魯迅署名宣言與函電輯考（倪墨炎），書目文獻出版社，138 頁，1985
　　年 4 月

魯迅筆下的紹興風情（裘士雄），浙江教育出版社，210 頁，1985 年
　　5 月

魯迅與文藝思潮流派（許懷中），湖南人民出版社，430 頁，1985 年
　　6 月

魯迅（朱正），人民出版社，150 頁，1985 年 6 月

魯迅和他的同時代人（彭定安、馬蹄疾），春風文藝出版社，上、
　　下兩冊，1985 年 7 月

魯迅的寫作藝術（杜一白），遼寧大學出版社，383 頁，1985 年 7 月

魯迅留學日本史（程麻），陝西人民出版社，383 頁，1985 年 7 月

魯迅小說講話（丁爾綱），四川文藝出版社，291 頁，1985 年 8 月

魯迅小說會心錄（楊義），光明日報出版社，137 頁，1985 年 8 月

中國民權保障同盟（陳漱渝），北京出版社，161 頁，1985 年 8 月

魯迅舊詩彙釋（王永培），陝西人民出版社，上、下兩冊，1985 年
　　9 月

魯迅與陀思妥耶夫斯基（李春林），安徽文藝出版社，197 頁，1985
　　年 9 月

胡風論魯迅（陳鳴樹等），黃河文藝出版社，178 頁，1985 年 9 月

魯迅與中外文學遺產論稿（俞元桂等），海峽文藝出版社，220 頁，
　　1985 年 10 月

短篇小說藝術欣賞──《吶喊》、《彷徨》探微（古遠清），湖北教
　　育出版社，428 頁，1985 年 11 月

魯迅與新興木刻運動（馬蹄疾、李允經），人民美術出版社，393 頁，
　　1985 年 12 月

魯迅與日本文學（劉柏青），吉林大學出版社，248 頁，1985 年 12 月

1986 年

《阿 Q 正傳》研究史稿（葛中義），青海人民出版社，178 頁，1986
　　年 1 月

魯迅與許廣平（范志亭），河南人民出版社，245 頁，1986 年 4 月

魯迅研究史（上卷）（袁良駿），陝西人民出版社，544 頁，1986 年
　　4 月

魯迅文藝思想概述（劉開德等），北京大學出版社，307 頁，1986 年
　　4 月

魯迅與瞿秋白（單演義），天津人民出版社，174 頁，1986 年 4 月

魯迅小說藝術講話（黎風），陝西師範大學出版社，279 頁，1986 年
　　5 月

魯迅研究的歷史與現狀（陳金淦），江蘇教育出版社，261 頁，1986
　　年 6 月

魯迅雜文與科學史（余鳳高），浙江文藝出版社，175 頁，1986 年 6 月

Stylist──魯迅研究的新課題（李國濤），陝西人民出版社，184 頁，
　　1986 年 6 月

魯迅述林（林辰），人民文學出版社，215 頁，1986 年 6 月

綆短集（陳早春），湖南人民出版社，227 頁，1986 年 7 月

魯迅的文學觀（劉中樹），吉林大學出版社，229 頁，1986 年 7 月

《野草》論稿（王吉鵬），春風文藝出版社，208 頁，1986 年 8 月

活的魯迅（姜德明），上海文藝出版社，323 頁，1986 年 8 月

魯迅美術年譜（王心棋），嶺南美術出版社，544 頁，1986 年 8 月

論魯迅精神（正一），新疆人民出版社，544 頁，1986 年 8 月

魯迅小說理論探微（徐鵬緒），天津人民出版社，328 頁，1986 年 8 月

魯迅文化思想探索（金宏達），北京師範大學出版社，423 頁，1986 年
　　8 月

新文化運動的先驅魯迅（林志浩），山西人民出版社，336 頁，1986 年
　　9 月

人間魯迅第一卷：探索者（林賢治），花城出版社，286 頁，1986 年
　　9 月

魯迅雜文藝術論（王獻永），知識出版社，251 頁，1986 年 9 月

魯迅與中外文化的比較研究（中國社會科學院文學研究所魯迅研究
　　室），中國文聯出版公司，423 頁，1986 年 9 月

魯迅與自然科學論叢（修訂本）（公盾），廣東科技出版社，884 頁，
　　1986 年 9 月

魯迅反封建思想革命的一面鏡子——《吶喊》、《彷徨》綜論（王富
　　仁），北京師範大學出版社 491 頁，1986 年 9 月

魯迅小說新論（范伯群、曾華鵬），人民文學出版社 463 頁，1986 年
　　10 月

魯迅雜文研究六十年（張夢陽），浙江文藝出版社，217 頁，1986 年
　　10 月

魯迅木刻活動年譜（李允經，馬蹄疾），上海人民美術出版社，232
　　頁，1986 年 10 月

魯迅思想及創作散論（劉正強），南開大學出版社，232 頁，1986 年
　　10 月

魯迅研究（上）（林志浩），中國人民大學出版社，295 頁，1986 年
　　11 月

魯迅（[日]竹內好著、李心峰譯），浙江文藝出版社，179 頁，1986 年
　　11 月

魯迅作品賞析與教學（鄭心伶、王祚慶），湖南人民出版社，262 頁，
　　1986 年 12 月

魯迅小說探微（宋建元），陝西人民出版社，298 頁，1986 年 12 月

魯迅回憶錄正誤（修訂本）（朱正），人民文學出版社，266 頁，1986
　　年 12 月

阿 Q 論稿（江潮），遼寧大學出版社，217 頁，1986 年 12 月

阿 Q 正傳新探（山東省魯迅研究會），山東大學出版社，169 頁，
　　1986 年 12 月

虛室集（吳小美），青海人民出版社，244 頁，1986 年 12 月

當代作家談魯迅（續集），（西北大學魯迅研究室），西北大學出版
　　社，134 頁，1986 年 12 月

1987 年

魯迅思想作品論稿（趙持平、王吉鵬），大連工學院出版社，213 頁，
　　1987 年 2 月

讀魯迅的詩和詩論（王林等），天津人民出版社，151 頁 1987 年 2 月

先驅者的形象——論魯迅及其他中國現代作家（王富仁），浙江文
　　藝出版社，461 頁，1987 年 3 月

論魯迅散文及其美學特徵（盧今），湖南文藝出版社，373 頁，1987
　　年 4 月

阿 Q 正傳創作論（劉福勤），寧夏人民出版社，238 頁，1987 年 6 月

《中國小說史略》旁證（趙景深），陝西人民出版社，170 頁，1987 年
　　6 月

魯迅舊詩淺說（增訂本）（倪墨炎），上海教育出版社，284 頁，1987
　　年 6 月

突破與超越——論魯迅和他的同時代人（彭定安），遼寧大學出版
　　社，380 頁，1987 年 7 月

魯迅與中外文化（福建省紀念魯迅逝世五十周年學術討論會論文選
　　編組），廈門大學出版社，387 頁，1987 年 7 月

魯迅和他的前驅（[蘇]謝曼諾夫著，李明濱譯），湖南文藝出版社，
　　174 頁，1987 年 8 月

尋訪魯迅在上海的足跡（周國偉等），上海教育出版社，197 頁，1987
　　年 8 月

魯迅研究概論（甘競存等），江蘇教育出版社，284 頁，1987 年 8 月

魯迅美學風格片談（施建偉），黃河文藝出版社，135 頁，1987 年 8 月

魯迅史實求真錄（陳漱渝），湖南文藝出版社，409 頁，1987 年 9 月

魯迅教育思想淺探（何志漢），四川教育出版社，310 頁，1987 年 9 月

魯迅周作人比較論（李景彬），南開大學出版社，175 頁，1987 年
　　10 月

魯迅與青年作家（鄭心伶），花城出版社，207 頁，1987 年 10 月

《野草》論析（蕭新如），遼寧教育出版社，231 頁，1987 年 10 月

魯迅短篇小說欣賞（盧今），廣西教育出版社，224 頁，1987 年 11 月

魯迅研究新論（廖子東），廣西人民出版社，217 頁，1987 年 12 月

1988 年

魯迅道路試探（蔡健），陝西人民出版社，280 頁，1988 年 3 月

魯迅縱橫觀（[蘇]謝曼諾夫著，王富仁等譯），浙江文藝出版社，227
　　頁，1988 年 5 月

魯迅的論辯藝術（李永壽），陝西人民出版社，411 頁，1988 年 5 月

魯迅思想發展論稿（趙明），河南大學出版社，282 頁，1988 年 6 月

魯迅研究三十年集（陳安湖），華中師範大學出版社，530 頁，1988 年
　　6 月

魯迅研究（下）（林志浩），中國人民大學出版社，322 頁，1988 年
　　6 月

心靈的探尋（錢理群），上海文藝出版社，362 頁，1988 年 7 月

魯迅研究抉微（孫立川），福建鷺江出版社，212 頁，1988 年 7 月

魯迅與中外文化(江蘇省魯迅研究學會)，江蘇教育出版社，301 頁，
　　1988 年 8 月

魯迅教育思想研究（孫世哲），遼寧教育出版社，347 頁，1988 年 8 月

魯迅年譜稿（蒙樹宏），廣西師範大學出版社，383 頁，1988 年 8 月

文化批判與國民性改造（鄭欣淼），陝西人民出版社，416 頁，1988 年
　　9 月

新文化巨人魯迅五十年祭（湖北省魯迅研究學會），武漢大學出版
　　社，249 頁，1988 年 9 月

魯迅雜文學概論（彭定安），遼寧教育出版社，299 頁，1988 年 11 月

論魯迅的雜文創作（吳中傑），江蘇文藝出版社，234 頁，1988 年
　　12 月

1989 年

人間魯迅　　第二部：愛與復仇（林賢治），花城出版社，510 頁
　　1989 年 1 月

魯迅與郭沫若比較論（張恩和），天津人民出版社，354 頁，1989 年
　　2 月

魯迅與中國現代文化震動（王友琴），湖南教育出版社，349 頁，1989
　　年 3 月

魯迅小說研究（葉德浴），大連理工大學出版社，257 頁，1989 年 3 月

魯迅鑑賞美學（耿恭讓），河北教育出版社，158 頁，1989 年 4 月

魯迅小說研究述評（李煜昆），西南交通大學出版社，404 頁，1989
　　年 4 月

魯迅《野草》探索（修訂本）（衛俊秀），陝西師範大學出版社，126
　　頁，1989 年 6 月

魯迅增田涉師弟答問集（[日]伊藤漱平、中島利郎編，楊國華譯），
　　華東師範大學出版社 152 頁，1989 年 7 月

魯迅舊詩導讀（謝邦華等），武漢大學出版社，292 頁，1989 年 7 月

魯迅的思想和藝術新論（包忠文），南京出版社，331頁，1989年8月

《阿Q正傳》研究縱橫談（邵伯周），上海文藝出版社，264頁，
　　1989年8月

魯迅史實研究（蒙樹宏），雲南教育出版社，144頁，1989年8月

綴在巍巍崑崙上的疑問號──魯迅教材釋疑與寫作技巧探討（陳根
　　生），新疆大學出版社，282頁，1989年8月

魯迅與西方文化（蘇振鷺等），天津教育出版社，231頁，1989年
　　10月

魯迅小說研究（馮光廉），天津人民出版社，376頁，1989年10月

魯迅研究概要（劉泰隆等），廣西教育出版社，157頁，1989年12月

魯迅「小說史學」初探（孫昌熙），山東教育出版社，263頁，1989
　　年12月

1990年

魯迅思想與中外文化論集（陝西省魯迅研究學會），陝西人民教育
　　出版社，533頁，1990年2月

魯迅的婚姻與家庭（李允經），北京十月文藝出版社，264頁，1990
　　年2月

魂靈畫論：魯迅小說論集（管希雄），新疆大學出版社，161頁，1990
　　年4月

人間魯迅　　第三部：橫站的士兵（林賢治），花城出版社，496頁，
　　1990年5月

中國現代文學及《野草》、《故事新編》的爭鳴（王瑤、李何林），
　　知識出版社182頁，1990年6月

魯迅思想發展新探（劉焜煬），廣東人民出版社，257 頁，1990 年
　　11 月

魯迅和中國文化（林非），學苑出版社，337 頁，1990 年 12 月

蔡元培魯迅的美育思想（孫世哲），遼寧教育出版社，256 頁，1990 年
　　12 月

魯迅小說的藝術（劉家鳴），陝西人民出版社，329 頁，1990 年 12 月

魯迅與中外文化（山東省魯迅研究會），華齡出版社，325 頁，1990 年
　　12 月

溝通與更新——魯迅與日本文學關係發微（程麻），中國社會科學
　　出版社，333 頁，1990 年 12 月

1991 年

「社會處方」總覽——魯迅對傳統文化的解剖（張琢），陝西人民
　　教育出版社，326 頁，1991 年 1 月

魯迅與紹興歷史名賢（宋志堅），廈門大學出版社，206 頁，1991 年
　　1 月

魯迅論集（唐弢），文化藝術出版社，638 頁 1991 頁 2 月

藝術創作的深度表現——魯迅創作新論（張建生），青海人民出版
　　社，216 頁，1991 年 2 月

魯迅雜文選讀與研究（黃建國等），河北人民出版社，301 頁，1991 年
　　2 月

在巨人的光照下（廣東魯迅研究小組、廣東魯迅研究學會），中山
　　大學出版社，264 頁，1991 年 3 月

魯迅在紹蹤跡掇拾（紹興魯迅紀念館），杭州大學出版社，265 頁，
　　1991 年 3 月

關於「人」的審視和建構──魯迅與世界文學的一個重要視角（許
　　懷中），陝西人民出版社，330 頁，1991 年 7 月

魯迅傳（增訂本）（林志浩），北京十月文藝出版社，687 頁，1991 年
　　7 月

魯迅家世（段國超），教育科學出版社，262 頁，1991 年 7 月

魯迅傳（修訂本）（王士菁），中國青年出版社，288 頁，1991 年 8 月

反抗絕望──魯迅的精神結構與《吶喊》、《彷徨》研究，上海人民
　　出版社，394 頁，1991 年 8 月

魯迅──偉大的教育家（陳根生），新疆大學出版社，269 頁，1991
　　年 8 月

籍海探珍──魯迅整理祖國文化遺產擷華（趙英），中國文史出版
　　社，362 頁，1991 年 8 月

魯迅生平及其著作（武德運），吉林大學出版社，169 頁，1991 年 9 月

魯迅詩全箋（夏明釗），江蘇教育出版社，322 頁，1991 年 9 月

魯迅與中外文化（浙江魯迅研究學會），浙江文藝出版社，298 頁，
　　1991 年 10 月

魯迅、胡適、郭沫若連環比較評傳（朱文華），上海文藝出版社，
　　376 頁，1991 年 10 月

魯迅與中國現代史（李安葆），黑龍江人民出版社，193 頁，1991 年
　　10 月

魯迅詩全編（周振甫），浙江文藝出版社，303 頁，1991 年 10 月

魯迅藏書研究（北京魯迅博物館魯迅研究室），中國文聯出版公司，
　　450 頁，1991 年 12 月

1992 年

當代魯迅研究史（袁良駿），陝西人民教育出版社，619 頁，1992 年
　　1 月

魯迅先生詩疏證（張自強），四川文藝出版社，54 頁，1992 年 4 月

走向魯迅世界（彭定安），遼寧教育出版社，816 頁，1992 年 5 月

魯迅的藝術世界（李耿），廣西民族出版社，172 頁，1992 年 5 月

無限的信賴──魯迅與中國共產黨（秦建君），上海華東師範大學
　　出版社，191 頁，1992 年 6 月

茅盾心目中的魯迅（單演義）陝西人民出版社，311 頁，1992 年 6 月

魯迅評傳（吳俊），百花洲文藝出版社，166 頁 1992 年 8 月

歷史轉換期文化啟示錄──文化視角與魯迅研究（朱曉進），遼寧
　　教育出版社，254 頁 1992 年 8 月

魯迅個性心理研究（吳俊），上海華東師範大學出版社，267 頁，1992
　　年 12 月

1993 年

魯迅《故事新編》評注（劉銘璋等），國際展望出版社，1993 年 1 月

魯迅心中的誠和愛（唐榮昆），武漢大學出版社，207 頁，1993 年 1 月

魯迅散文欣賞（陳孝全），廣西教育出版社，223 頁，1993 年 2 月

魯迅──「民族魂」的象徵（黃侯興），山東人民出版社，340 頁，
　　1993 年 2 月

魯迅語言修改藝術（劉剛等），中央民族學院出版社，259 頁，1993
　　年 2 月

魯迅和瞿秋白合作的雜文及其它（丁景唐、王保林），陝西人民出版社，261 頁，1993 年 5 月

魯迅小說導讀（魏洪丘），華東師範大學出版社，303 頁，1993 年 5 月

魯迅郁達夫比較探索（鄭志文），廣西師範大學出版社，268 頁，1993 年 5 月

中國文明與魯迅的批評（張琢），臺北桂冠圖書股份有限公司，303 頁，1993 年 5 月

魯迅研究平議（陳炳良），香港三聯書店，158 頁，1993 年 5 月

魯迅小說新論（王潤華），上海學林出版社，179 頁，1993 年 7 月

魯迅《野草》全釋（[日]片山智行著，李冬木譯），吉林大學出版社，155 頁，1993 年 7 月

魯迅心史（劉福勤），廣西教育出版社，714 頁，1993 年 8 月

魯迅情愛世界探秘（王建周），灕江出版社，216 頁，1993 年 8 月

魯迅悲劇藝術論稿（李彪），南京大學出版社，221 頁，1993 年 9 月

魯迅與中國文化精神（王得后），花城出版社，389 頁，1993 年 9 月

魯迅情書鑑賞（劉福勤），廣西師範大學出版社，350 頁，1993 年 10 月

魯迅郭沫若與五四新文化（陝西省魯迅研究會），陝西人民教育出版社，257 頁，1993 年 11 月

無法直面的人生──魯迅傳（王曉明），上海文藝出版社，262 頁，1993 年 12 月

20 世紀中國最憂患的靈魂（孫郁），群言出版社，232 頁，1993 年 12 月

阿 Q-70 年（彭小苓等），北京十月文藝出版社，676 頁，1993 年 12 月

魯迅論叢（蒙樹宏），雲南大學出版社，165 頁，1993 年 12 月

魯迅詩歌譯注（葛新），上海學林出版社，266 頁，1993 年 12 月

魯迅先生誕辰 110 周年紀念論文集（上海魯迅紀念館），百家出版
社，1993 年 12 月

1994 年

新文化先驅的文體選擇──論魯迅雜文文體精神（李德堯），武漢
大學出版社，250 頁，1994 年 1 月

《野草》的藝術世界（孟瑞君），山花文藝出版社，265 頁，1994 年
2 月

日月雙照──魯迅與郁達夫比較論（鄭心伶），花城出版社，182 頁，
1994 年 3 月

魯迅：在中日文化交流的座標上（彭定安），春風文藝出版社，1994
年 5 月

魯迅的詩歌藝術（葉誠生），山東大學出版社，229 頁，1994 年 5 月

魯迅的諷刺藝術（張學軍），山東大學出版社，335 頁，1994 年 5 月

魯迅的人際藝術（解洪祥），山東大學出版社，308 頁，1994 年 5 月

魯迅書信鉤沉（吳作橋），東北師範大學出版社，248 頁，1994 年 6 月

難雕的塑像（鄭心伶，梁惠玲），暨南大學出版社，192 頁，1994 年
8 月

魯迅郭沫若研究論集（蔣瀌），陝西人民出版社，279 頁，1994 年 8 月

被褻瀆的魯迅（孫郁），群言出版社，278 頁，1994 年 10 月

1995 年

智慧的思考──魯迅的思維方法（邱存平），解放軍出版社，374 頁，
1995 年 1 月

魯迅　　許廣平（張恩和），中國青年出版社，268 頁，1995 年 1 月

魯迅的世界（姚馨丙等），上海社會科學出版社，201 頁，1995 年 2 月

魯迅、創造社與日本文學——中日近現代比較文學初探（[日]伊藤
　　虎丸著，孫，猛等譯），北京大學出版社，356 頁，1995 年 2 月

魯迅・我可以愛（馬蹄疾），四川文藝出版社，373 頁，1995 年 3 月

唐弢文集（唐弢），社會科學文獻出版社，共 10 卷，第六卷，魯迅
　　研究（上）；第七卷，魯迅研究（下），1995 年 3 月

魯迅與少數民族文化（黃川等），新疆美術攝影出版社，192 頁，1995
　　年 7 月

價值批評與阿 Q 十八面（黃鳴奮等），新疆人民出版社，222 頁，
　　1995 年 8 月

魯迅郭沫若與中國傳統文化（王駿驥），百花文藝出版社，304 頁，
　　1995 年 10 月

「人」與「鬼」的糾葛——魯迅小說論析（[日]丸尾常喜著，秦弓
　　譯），人民文學出版社，319 頁，1995 年 12 月

世紀之交的文化選擇——魯迅藏書研究（陳漱渝），湖南文藝出版
　　社，481 頁，1995 年 12 月

魯迅與嚴復（哈九增），山西高校聯合出版社，308 頁，1995 年 12 月

1996 年

論魯迅（于萬和），黑龍江教育出版社，1996 年 1 月

關於魯迅及中國現代文學（李何林），天津人民出版社，360 頁，1996
　　年 4 月

尋找偉人的足跡——魯迅在北京（劉麗華等），北京工業大學出版
　　社，256 頁

世紀之交的民族魂（廣東魯迅研究學會），廣東人民出版社，351 頁，
　　1996 年 8 月

魯迅仍然活著（王景山），中國和平出版社，405 頁，1996 年 8 月

魯迅與宗教文化（鄭欣淼），陝西人民教育出版社，406 頁，1996 年
　　9 月

由中間尋找無限──魯迅的文化價值觀（王乾坤），陝西人民教育
　　出版社，259 頁，1996 年 9 月

中國現代小說史上的魯迅（林非），陝西人民教育出版社，310 頁，
　　1996 年 9 月

吶喊論（盧今），陝西人民教育出版社，150 頁，1996 年 9 月

阿 Q 新論──阿 Q 與世界文學中的精神典型問題（張夢陽），陝西
　　人民教育出版社，321 頁，1996 年 9 月

現代散文的勁旅（袁良駿），陝西人民教育出版社，300 頁，1996 年
　　9 月

魯迅的創作與尼采的箴言（閔抗生），陝西人民教育出版社，292 頁，
　　1996 年 9 月

魯迅與英國文學（高旭東），陝西人民教育出版社，182 頁，1996 年
　　9 月

論魯迅藝術創作系統（任廣田），陝西人民教育出版社，223 頁，1996
　　年 9 月

魯迅創作心理論（閻慶生），陝西人民教育出版社，434 頁，1996 年
　　9 月

魯迅與新思潮──論魯迅留日時期的思想（汪毅夫），陝西人民教
　　育出版社，108 頁，1996 年 9 月

歷史的沉思──魯迅與中國現代文學論（王富仁），陝西人民教育
　　出版社，387 頁，1996 年 9 月

民族魂與中國人（李繼凱），陝西人民教育出版社，267 頁，1996 年
　　9 月

反省與選擇──魯迅文化觀的多維透視（黃健），陝西人民教育出
　　版社，254 頁，1996 年 9 月

魯迅文學觀綜論（朱曉進），陝西人民教育出版社，234 頁，1996 年
　　9 月

空前的民族英雄──紀念魯迅 110 周年誕辰學術討論會論文選，陝
　　西人民教育出版社，551 頁，1996 年 9 月

魯迅學術文化隨筆（錢理群等），中國青年出版社，310 頁，1996 年
　　9 月

魯迅的情感世界──婚戀生活及其投影（李允經），北京工業大學
　　出版社，261 頁，1996 年 10 月

一個都不寬恕──魯迅和他的論敵（陳漱渝），中國文聯出版公司，
　　718 頁，1996 年 10 月

故鄉人士論魯迅（紹興魯迅研究會、紹興魯迅紀念館），浙江文藝
　　出版社，459 頁，1996 年 10 月

恩怨錄‧魯迅和他的論敵文選（李富根等），今日中國出版社，上‧
　　下兩冊，1996 年 11 月

魯迅與他「罵」過的人（房向東），上海書店出版社，368 頁，996
　　年 12 月

魯迅心解（王得后），浙江文藝出版社，433 頁，1996 年 12 月

1997 年

魯迅散論（潘頌德），國際文化出版社，293 頁，1997 年 3 月

魯迅比較研究（[日]藤井省三著，陳福康編譯），上海外語教育出版
　　社，279 頁，1997 年 3 月

魯迅中期思想研究（徐麟），湖南師範大學出版社，336 頁，1997 年
　　4 月

悟性與奴性——魯迅與中國知識份子的「國民性」（張夢陽），河南
　　人民出版社，256 頁，1997 年 4 月

情結·文本——魯迅的世界（皇甫積慶），長江文藝出版社，1997
　　年 5 月

比較視野中的魯迅文藝思想（張直心），雲南大學出版社，155 頁，
　　1997 年 5 月

魯迅與周作人（孫郁），河北人民出版社，375 頁，1997 年 7 月

說不盡的阿 Q——無處不在的魂靈（陳漱渝），中國文聯出版公司，
　　768 頁，1997 年 9 月

魯迅梁實秋論戰實錄（黎照），華齡出版社，648 頁，1997 年 11 月

開雜文新生面的魯迅（王積彬），遼寧大學出版社，311 頁，1997 年
　　12 月

1998 年

度盡劫波——周氏三兄弟（黃喬生），群眾出版社，488 頁，1998
　　年 1 月

人間魯迅（林賢治），花城出版社，上、下兩冊，1998 年 3 月

魯迅錢鍾書平行論（劉玉凱），河北大學出版社，330 頁，1998 年 8 月

魯迅家世（修訂本）（段國超），教育科學出版社，405 頁，1998 年
　　9 月

近代理性・現代孤獨・科學理性——魯迅的精神歷程及其他（解洪
　　祥），山東大學出版社，1998 年 9 月

一個漫遊者與魯迅的對話（孫郁），新疆人民出版社，429 頁，1998
　　年 10 月

阿 Q 真諦（白盾、海燕著），天津人民出版社，373 頁，1998 年 10 月

回到故鄉的原野（魯迅研究論文集）（鄧國偉），廣東人民出版社，
　　262 頁，1998 年 11 月

魯迅作品新論（王吉鵬等），遼寧人民出版社，551 頁，1998 年 12 月

1999 年

魯迅傳（鈕岱峰）中國文聯出版公司，766 頁，1999 年 1 月

魯迅回憶錄（彙編六卷）（王世家），北京出版社，專著 1，587 頁，
　　散篇 1，608 頁，1999 年 1 月

魯迅評傳（曹聚仁），東方出版中心，365 頁，1999 年 4 月

從魯迅遺物認識魯迅（葉淑德、楊燕麗），中國人民大學出版社，561
　　頁，1999 年 5 月

魯迅的生命哲學（王乾坤），人民文學出版社，343 頁，1999 年 7 月

魯迅世界性的探尋——魯迅與外國文化比較研究史（王吉鵬、李春
　　林著），遼寧人民出版社，527 頁，1999 年 7 月

史地傳記類　PC0171

說不盡的魯迅
——疑案‧軼事‧趣聞

作　　者 / 紀維周
主　　編 / 蔡登山
責任編輯 / 孫偉迪
圖文排版 / 楊家齊
封面設計 / 陳佩蓉

發 行 人 / 宋政坤
法律顧問 / 毛國樑　律師
印製出版 / 秀威資訊科技股份有限公司
　　　　　114 台北市內湖區瑞光路 76 巷 65 號 1 樓
　　　　　電話：+886-2-2796-3638　傳真：+886-2-2796-1377
　　　　　http://www.showwe.com.tw
劃撥帳號 / 19563868　戶名：秀威資訊科技股份有限公司
　　　　　讀者服務信箱：service@showwe.com.tw
展售門市 / 國家書店（松江門市）
　　　　　104 台北市中山區松江路 209 號 1 樓
　　　　　電話：+886-2-2518-0207　傳真：+886-2-2518-0778
網路訂購 / 秀威網路書店：http://www.bodbooks.com.tw
　　　　　國家網路書店：http://www.govbooks.com.tw
圖書經銷 / 紅螞蟻圖書有限公司
　　　　　114 台北市內湖區舊宗路二段 121 巷 28、32 號 4 樓
　　　　　電話：+886-2-2795-3656　傳真：+886-2-2795-4100

2011 年 10 月 BOD 一版
定價：320 元

國家圖書館出版品預行編目

說不盡的魯迅──疑案‧軼事‧趣聞 / 紀維周著.
－－ 一版. －－ 臺北市：秀威資訊科技, 2011.10
　　面 ；　　公分. － (史地傳記類；PC0171)
BOD 版
ISBN 978-986-221-801-3(平裝)

1. 周樹人　2. 教學法

782.884　　　　　　　　　　　　　100013590

讀者回函卡

感謝您購買本書，為提升服務品質，請填妥以下資料，將讀者回函卡直接寄回或傳真本公司，收到您的寶貴意見後，我們會收藏記錄及檢討，謝謝！如您需要了解本公司最新出版書目、購書優惠或企劃活動，歡迎您上網查詢或下載相關資料：http:// www.showwe.com.tw

您購買的書名：＿＿＿＿＿＿＿＿＿＿＿＿＿＿＿＿＿＿＿＿＿＿

出生日期：＿＿＿＿＿年＿＿＿＿＿月＿＿＿＿＿日

學歷：□高中 (含) 以下　　□大專　　　□研究所 (含) 以上

職業：□製造業　□金融業　□資訊業　□軍警　□傳播業　□自由業
　　　□服務業　□公務員　□教職　　□學生　□家管　　□其它＿＿＿

購書地點：□網路書店　□實體書店　□書展　□郵購　□贈閱　□其他

您從何得知本書的消息？

　□網路書店　□實體書店　□網路搜尋　□電子報　□書訊　□雜誌
　□傳播媒體　□親友推薦　□網站推薦　□部落格　□其他＿＿＿＿＿＿

您對本書的評價：（請填代號　1.非常滿意　2.滿意　3.尚可　4.再改進）

　封面設計＿＿＿　版面編排＿＿＿　內容＿＿＿　文／譯筆＿＿＿　價格＿＿＿

讀完書後您覺得：

　□很有收穫　□有收穫　□收穫不多　□沒收穫

對我們的建議：＿＿＿＿＿＿＿＿＿＿＿＿＿＿＿＿＿＿＿＿＿＿＿

＿＿＿＿＿＿＿＿＿＿＿＿＿＿＿＿＿＿＿＿＿＿＿＿＿＿＿＿＿＿＿

＿＿＿＿＿＿＿＿＿＿＿＿＿＿＿＿＿＿＿＿＿＿＿＿＿＿＿＿＿＿＿

＿＿＿＿＿＿＿＿＿＿＿＿＿＿＿＿＿＿＿＿＿＿＿＿＿＿＿＿＿＿＿

11466
台北市內湖區瑞光路 76 巷 65 號 1 樓
秀威資訊科技股份有限公司　　　收
BOD 數位出版事業部

....

（請沿線對折寄回，謝謝！）

姓　　名：_____　　年齡：_____　性別：□女　□男

郵遞區號：□□□□□

地　　址：_____

聯絡電話：(日) _____　(夜) _____

E-mail：_____